Win-Win Negotiations for Engineers and Scientists

Masahiko Isshiki, Masanori Tagami, Yuichi Sato
一色正彦・田上正範・佐藤裕一

理系のための交渉学入門

東京大学出版会

Win-Win Negotiations for Engineers and Scientists
Masahiko ISSHIKI, Masanori TAGAMI, Yuichi SATO
Uiversity of Tokyo Press, 2013
ISBN978-4-13-062316-2

まえがき

　2001年，東京大学の先端学際工学専攻（工学系研究科の博士課程）において，技術をベースに起業を目指す学生が経営を学習するための授業（詳細は，柴田(2002)，脚注1を参照）の実験授業が行われた．私は，その授業に社会人の実務家講師として参加し，リスクマネジメント論のパートを担当した．社会人経験のない工学系大学院生に，ビジネスのリスクについて，具体的なイメージを抱いてもらうため，実際にビジネスの現場で発生した秘密保持契約のトラブルを巡る交渉ケース（交渉相手から技術や事業計画に関する情報を得る場合に頻繁に取り交わされる契約[1]）を使用し，大学院生に模擬交渉（受講者同士が交渉役を模擬体験する演習）を体験してもらった．

　契約書を見るのも，模擬交渉という学習方法も初めての大学院生は，当初，戸惑っていた．しかし，ケースに記載されている情報を読み込み，参加していた社会人のティーチングアシスタント（TA）のアドバイスを得ながら，わからないことを自分で調べ，自分なりにケースの設定を理解し，準備を重ねた．そして，模擬交渉では，トラブルを乗り越え，信頼関係を作ろうとベストを尽くしていた．模擬交渉の後，交渉相手から，また，他のチームの交渉結果から，自分の交渉のどこに価値があり，何が問題であったかを学んだ．模擬交渉に参加した大学院生が，生き生きと交渉し，目を輝かせて学んでいたシーンを今でも思い出す．この授業は，各分野の実務家講師がそれぞれの専門分野について講義する，人気授業だった．

　2003年，この授業の一部から，模擬交渉の理論的な背景となる「交渉学」を独立させ，先端学際工学専攻で工学系大学院生が交渉学を専門的に学習できる授業がスタートした．私は，東京大学先端科学技術研究センター協力研究員として，この授業の開発に参加するとともに，工学系研究科非常勤講師とし

---

[1] 柴田英寿：理系人間のための経営戦略入門　東大先端研での実験的経営教育の記録，実業之日本社，2002，pp. 42-74，セクション2——事業化のためのリスクマネジメント（一色が執筆協力）．

て，この授業の講義を担当した．現在では，東京大学の工学系大学院で模擬交渉を用いた授業が複数実施されている．航空宇宙工学専攻「航空産業・技術・政策特論」（航空産業の全貌を俯瞰するために産学官の専門家が工学系大学院生を対象に行う授業）では，航空機メーカーとエアラインによる航空機の開発と販売を巡る模擬交渉がビジネスシミュレーション演習として行われている[2]．また，技術経営戦略学専攻「企業価値と知的財産」では，大企業と中堅企業の，人，物，金を出し合っての合弁会社の設立における，特許権，商標権などの知的財産権の取扱いを含むケースによる模擬交渉が行われている．これには，いずれも実際のビジネス事例を素材に開発されたリアルな教材が使用されている．

　交渉学は，米国ハーバード大学のロールクールで始まった研究であり，欧米では，多くのロースクールやビジネススクールで教えられている．しかしながら，日本では，法学部とビジネススクールの両方で教えられている慶應義塾大学など少数を除き，ほとんどの大学の学部や大学院では教えられていない．東京大学以外に，金沢工業大学知的創造システム専攻で，主に，社会人向けに知財の専門家を育成する講座があるが，工学系教育においても，交渉学が教えらえているケースは少数である．

　理系に交渉が必要か，交渉に研究された理論はあるのか，交渉は学習により習得できる能力か，これらが本書のテーマである．答えは，すべてYESである．一般的に，理系人間はコミュニケーションが苦手で，交渉が下手，というイメージがあると言われている．それは，交渉とは，会話によるコミュニケーション技術であり，会話力こそが交渉力であると思われているからだ．しかし，本当にそうだろうか．交渉とは，対立や衝突という問題を乗り越えるための解決プロセスである．そして，交渉力とは，交渉を設計するための「分析力」，交渉を実施するための「コミュニケーション力」，交渉を詰めるための「意思決定力」から構成される総合的な能力である．

　私は，大手電機メーカーのリーガルマネージャーとして，世界各国でビジネス交渉を行ってきた．現在でも，大学での教育・研究と並行して，ベンチャー

---

[2] 鈴木真二，岡野まさ子編：現代航空論　技術から産業・政策まで，東京大学出版会，2012，pp. 212–213.

企業の役員として，提携やクレームのビジネス交渉を行っている．交渉学という研究が存在し，実際の交渉に有益であり，欧米の弁護士やビジネスパーソンが学んでいることは，1980年代後半に，英国人のアドバイザーから教えられた．大学で教育と研究に携わって10年以上になるが，交渉学は，問題を解決する場面における人間の戦略的な意思決定と行動科学の研究として，非常に優れた実践的な学問だと思っている．また，研究のみならず，米国のロースクールやビジネススクールに端を発する実務教育により多くの交渉人材を生み出し，研究と教育が両輪で行われていることに価値を感じている．

交渉力は，研究された理論を学び，模擬交渉によるトレーニングを積めば，能力を向上させることができる．私は，10年を超える工学系大学院での教育経験から，理系人間が苦手にしている言われるコミュニケーション力も，行動科学の研究に基づく理論を学び，トレーニングを積めば，能力の向上が期待できることを実感している．それどころか，論理的な思考力が重要である交渉においては，理系人間の方が高い潜在能力があると考えている．本書は，交渉が苦手，できれば避けたい，学習したことがない，という理系の皆さんに，ぜひ，読んで欲しい．また，本書は，理系の学生や大学院生の読者を想定しているが，理系か文系かという分類にこだわらず，交渉に理論があるなら興味がある，交渉力をどのように向上させるのかを知りたい，という学生や社会人の皆さんにも，広く読んで頂ければと思う．

交渉学の教育と研究において，渡部俊哉先生（東京大学政策ビジョン研究センター他，教授）には，先端学際工学専攻から技術経営戦略学専攻において，授業開発の示唆と実施する良き機会を頂いた．また，鈴木真二先生（東京大学航空宇宙工学専攻教授）と岡野まさ子先生（東京大学総括プロジェクト機構特任准教授，現国土交通省観光庁総務課企画官），安藤晴夫氏（東京大学渉外本部シニアディレクター）には，航空宇宙工学専攻において，模擬交渉を用いたビジネスシミュレーション演習の教育プログラム開発の示唆と実施する良き機会を頂いた．ここに深く感謝申し上げたい．共著者の田上正範氏と佐藤裕一氏は，慶應義塾大学グローバルセキュリティ研究所において，共に交渉学を研究する同僚である．田上氏は，大学の学部で教鞭をとっており，佐藤氏は，社会人に交渉力を育成する研修講師を行っている．両人とも理系人間であり，交渉学を学習し，研究し，実

践しながら，教育に携わっている社会人である．理系のバックグラウンドを持つ交渉学の継続学習者との共著により，交渉が苦手と考えている皆さんに，交渉学が学習することを身近に感じてもらいたいと考えた．

　交渉には，研究された理論がある．その理論を学び，トレーニングにより能力を向上させることができる．交渉は，合意が目的ではなく，結果として決裂することもある．しかし，相手との対立を乗り越えて，パートナーシップを構築することもできる．多くの皆さんが，交渉の本質を共有し，交渉により対立を乗り越えたパートナーシップ関係を構築するために，本書を活用して頂ければ幸いである．

2013 年 10 月

一色　正彦

目次

まえがき i

序章 理系が交渉学を学ぶ意義 001
- 1 なぜ，理系に交渉が必要か？ 001
- 2 理系学習者のビフォー・アフター 004

第1章 交渉の理論 013
- 1.1 交渉の概念 013
- 1.2 交渉のフレームワーク 021
- 1.3 交渉の学習理論 025

第2章 論理的思考に基づく，意思決定 035
- 2.1 意思決定の概念 035
- 2.2 交渉シーンと理論解説 047
  2.2.1 マップ化／2.2.2 仮説思考／2.2.3 選択肢の拡張／2.2.4 質問の設計／2.2.5 シナリオ化

第3章 行動科学に基づく，コミュニケーション 067
- 3.1 コミュニケーションの概念 067

3.2	交渉シーンと理論解説 074
	3.2.1 アサーティブな発信／3.2.2 非言語メッセージの受信／3.2.3 コンテキストの引出し／3.2.4 ビジュアルコミュニケーション／3.2.5 多数当事者への応用

終　章	交渉の成功確率を上げるために ……………………… 095

付　録	演習問題：ストーリーで学ぶ逆引き理論解説 ……… 099

演習1　共同発表直前の約束違反
　　　　〜期日を過ぎても資料が来ない！〜 101

演習2　システム開発プロジェクトの納期交渉
　　　　〜突然のスケジュール変更！〜 113

演習3　研究予算を巡る交渉〜研究予算は誰のもの！〜 123

あとがき 131

索引 135

著者略歴 141

序章 | **理系が交渉学を学ぶ意義**

1 なぜ，理系に交渉が必要か？

　皆さんは，いわゆる理系の人間だろうか？　理系，文系に明確な定義はなく，分理融合，学際領域などの分野もあり，一概には言えない．しかし，一般的に，文学，法学，経営学などの分野の学習者が文系と呼ばれ，工学，医学，理学などの分野の学習者が理系と呼ばれている．医学博士である浜口道成氏は，日本では，「理系の学部に進学する人，さらに理系の研究者になる人は，総じて人付き合いが下手なタイプが集まっていると思う」[1]と言っているが，皆さんもそう思われるだろうか．米国のバイオ分野の研究者であるカール・M. コーエン博士は，その著書『ラボ・ダイナミクス　理系人間のためのコミュニケーションスキル』の中で，科学者や技術専門職の心理特性に関する150以上の学術文献から，理系の研究者について，以下の特徴があると指摘している[2]．

　①真面目で規則を守る．
　②支配的で，目標に向かって懸命に努力し，業績志向である．
　③独立心が強く，社交性に劣る．

---

[1]　カール・M. コーエン，スザンヌ・L. コーエン：ラボ・ダイナミクス　理系人間のためのコミュニケーションスキル，浜口道成監訳，メディカル・サイエンス・インターナショナル，2007，監訳者の序にかえて，浜口道成医学博士の経験，より．
[2]　同書，p. 6.

④情緒が安定しており，衝動に流されにくい．

　これらを見ると，目的意識が明確であり，目標に対する努力家である反面，自我が強く，対人コミュニケーションはあまり得意ではない傾向をもつように見える．それでは，交渉の場面になるとどうだろうか．交渉について，同書は「当事者間に意見の違いや相容れない利害関係があったり，2つのグループの計画がかち合っていたりする場合の話し合いのほとんどすべてを『交渉』と定義している」[3]と述べている．上記の理系の特徴は，交渉において，プラスなのだろうか，それともマイナスなのだろうか．また，プラスとマイナスの両面があるとすれば，プラスに作用する特徴を更に強化し，また，マイナスに作用する特徴をコントロールしたり，トレーニングにより能力を向上させることは可能なのだろうか．

　交渉は，対立などの問題を乗り越えるための解決プロセスである．交渉力は，「交渉を設計するための分析力」，「交渉を実施するためのコミュニケーション力」，「交渉の詰めのための意思決定力」から構成されている．そのため，論理的思考に基づく意思決定と行動科学に基づくコミュニケーションの両方が重要となる．著者の一色は，工学系大学院での教育と研究を通じて，10年以上，多くの理系の教育に携わってきた．また，著者の田上は，数理物理学の修了者（工学修士）であり，著者の佐藤も，航空工学の修了者（工学修士）という，いわゆる理系である．2人は，交渉学を学習し，トレーニングを受けることにより能力を向上させ，現在では，理系のみならず，文系に対しても，教鞭を振るっている．私たち3人は，これらの経験と研究から，理系の論理思考能力は，交渉に必要な意思決定において，有益な能力であると考えている．また，苦手と言われている対人コミュニケーションも，コミュニケーションのベースとなる行動科学を理解し，適切なトレーニングを行えば，習得可能な能力である．そう考えると論理的思考力が高い理系は，そうでない場合よりも，交渉という場面において，高い適性を持っているのではないかと思われる．

　交渉学の研究は，1979年ハーバード・ネゴシエーション・プロジェクト

---

[3] 同書，p. 47.

(HNP)としてスタートし,「利害が対立した場合,いたずらに対決に向かうのではなく,合意のため解決策を相互に探究するコミュニケーション・プロセスを体系化した研究」[4]である.「ハーバード・ネゴシエーション・プロジェクト(HNP)の使命は,現実世界の紛争介入,理論の構築,教育・訓練と新しいアイディアを生み出し,普及することにより紛争の解決と交渉の理論と実践を改善することです」[5].ハーバード流交渉として,1980年代から日本でも論文や翻訳書籍がいくつも紹介されており,聞かれたことのある方も多いだろう(日本の翻訳書籍では,ハーバード流交渉術と訳しているものが多いが,*Harvard Business Review*では,「ハーバード流交渉学」と訳されている.本書では,「交渉学」と称する).この研究は,国家間の戦争回避交渉の研究を発端にスタートし,交渉の普遍的な実践体系として,大学の教育・研究からビジネスの分野まで,広く活用されている.交渉学は,実際の交渉事例を徹底的に分析し,成功確率を上げるための理論パターンを抽出した実践的な方法論だ.そして,理論的な研究のみならず,教育による人材育成が研究の両輪として行われている実学でもある.

　著者3名は,いずれも交渉学を学び,研究し,それぞれの事業を通じて実践しながら,教育に携わってきた.本書では,第1章「交渉の理論」において,交渉学研究に基づき,その背景となる理論と教育方法を整理した.第2章「論理的思考に基づく,意思決定」では,交渉の本質である意思決定の概念を整理し,具体的な交渉シーンに対する理論解説を行った.第3章「行動科学に基づく,コミュニケーション」では,コミュニケーションの概念を整理し,具体的な交渉シーンに対する理論解説を行った.さらに,付録「演習問題:ストーリーで学ぶ逆引き理論解説」では,3つの交渉ストーリーを通して,全体の内容を総括する演習問題を掲載している.その理論解説では,第1章から第3章で解説した交渉理論と該当箇所を明示しており,逆引きができるようになっている.読者がこれらのケーススタディを通じて,交渉シーンと理論を具体的に

---

[4] September 2002,特別インタビュー,ロジャー・フィッシャー,ハーバード流交渉学講義,DIAMONDハーバード・ビジネス・レビュー編集部訳,*Harvard Business Review*,ダイヤモンド社,2002,p. 50.

[5] Harvard Negotiation Project より,翻訳
http://www.pon.harvard.edu/category/research_projects/harvard-negotiation-project/

イメージし，シミュレーションできるように構成した．交渉学の学習には，理論の学習と模擬交渉による実践を繰り返すシミュレーションが有効である．つまり，考えて，試し，また考えて，試すサイクルを繰り返すためである．本書は，理系，文系に拘わらず，交渉学に興味を持った方の入門書として，また，大学や企業の交渉学の教育におけるテキストとして，使用することができる．

2　理系学習者のビフォー・アフター

　東京大学の先端学際工学専攻（工学系研究科の博士課程）において，2003年から2006年まで，工学系大学院生を対象とした交渉学の実験授業が実施された．当時，東京大学先端科学技術研究センターでは，社会人向けの先端知財人材育成プログラムと「MOT（Management of Technology）知財専門人材育成プログラム」において，企業の技術，知財社員，弁護士，弁理士などの知財人材に対する交渉力育成を目的として，教育プログラム，ケース教材を開発していた．先端学際工学専攻では，このプログラムと教材に基づき，大学院生向けにカスタマイズ開発を行った．当初は，工学系大学院生が，なぜ交渉を学ぶのか，交渉学とは何か，というイメージが湧かなかったためか，受講者は十数名だった．しかし，年々，評判を呼んで受講者が増え，最終年度には，60名近くの受講者が参加した．特徴的だったのは，先輩からの推薦で，特定の研究室から複数名の大学院生が参加したり，履修が修了したにも拘わらず，次年度も続けて履修する大学院生が複数いたことだ．工学系大学院生の学習意欲が強く刺激されていたようだ．

　またこの授業では，実験的にティーチングアシスタント（TA）として，社会人の実務家が複数参加していた．継続履修と社会人の実務家との交流を目的として，一度履修が修了した大学院生が，その後，自らの意思でTAとして継続参加するケースも多かった．著者の一色は，このとき東京大学先端科学技術研究センターの協力研究員として，慶應義塾大学法学部田村次朗教授の協力を得て，ハーバード大学の交渉学研究に基づく社会人向けの交渉力育成プログラム

の開発に参加し，その後，先端学際工学専攻において，非常勤講師として開発した授業を担当した．著者の佐藤は，大学院生としてこの授業に参加し，その後TAとして継続学習した者の1人である．まずは，佐藤の生の声を聞いてみよう．

―――― **コラム①学生からの学習者**　（佐藤裕一）――――

　理系的な能力を持った人が交渉に必要な能力の要素を備えているとして，その人が交渉力を身につけるメリットは何だろう．本書を読んでくださっている多くの人が，何らかの目的をもって，勉強や研究をしていることと思う．それは，将来の就職のためかもしれないし，いい成績をとって奨学金の返還免除を受けるためかもしれないし，新たな発見によって世界を窮地から救うためかもしれない．動機や目的は人それぞれとしても，「その目標に近づくために，何を身につけておく必要があるか」という観点に対しては，共通する要素を見つけられないだろうか．

　小さい頃から山に登って遠くを眺めるのが好きだった私は，高校生の頃にもっと高度を上げて，宇宙から地球を眺めたら，さぞ気持ちがいいのではないかと考え始めた．さらに，特別に訓練を受けた宇宙飛行士だけでなく，一般人でも宇宙にいけるような時代がきたら，どんなにエキサイティングだろうかと思い，大学では航空機やロケットの研究をすることに決めた．幸い，勉強自体が面白かったのと，先生や学友にも恵まれたため，大学院に入った当初は，卒業したら当然研究者になるつもりだった．そんななかで，研究室の先輩が勧めてくれて受講したのが，本書の冒頭にも説明があった起業家教育の授業だった．当時は交渉というものを誤解していて，相手に自分の要求を無理に受け入れさせる行為が交渉だと思っていた．単純に興味はあったが，研究者を目指す自分には縁遠いと感じていた．しかしながら，授業を通じていくつかの大きな発見があった．

　まず前述のとおり，交渉は相手を困らせる技術ではなく，交渉相手と問題を乗り越えるための技術ということで，実は自分の周りに活用できる機会は山ほどあった．自分の研究を進めるためには，自分がやりたい事とチームが自分にやってほしいことを擦り合せたり，人にお願い事を聞いてもらったりと，他人の協力を快くとりつける能力は非常に役に立つ．思い返すと，学部生の頃の研究にやった，他の研究室が所有する大規模な実験設備を使わせてもらう"お願い"も，実験予算の調整や機材購入の検討と話し合いも，研究

プロジェクトメンバーとの役割分担の調整も，"交渉"の枠組みに当てはめればもっと心安らかに進められただろう．また，学部生時代にはアルバイトで塾講師をしていたが，大学院の試験のために辞めようと思っても，塾に迷惑をかけるだろうかとなかなか言い出せなかった．当時の自分に交渉の技術があれば，自分が勉強する時間を確保しながら，塾運営への負荷も小さくする方法を模索できただろう．身近な状況だけでなく，今後は研究者にも交渉力が必要とされるということも理解した．というのも，そもそも東京大学の工学系研究科が，"今後の世界の市場の中で技術標準化や，企業間の協力・提携が盛んになった際に，技術者自身が交渉の前面に立てるようにならないと，最先端のポジションを守れなくなる"と考えたからこそ，工学系学生向けの交渉の授業が開発されたのだ．

　そして，さらに驚いたのが，自分は，自分で思っていた以上に，驚くほど人との間のコンフリクトの解決ができていなかった．人とのコミュニケーションに難がある方ではなかったが，模擬交渉をしてわかったのが，思っていたほど相手に自分の意図を理解してもらっていないし，表面的には対立を回避しているものの本質的には問題が解決されていないことが多いという，なんとも残念な実態であった．私に限らず受講生のほとんどが同じように感じたと思うが，逆に言うと，そんなにも現状よりプラスになる余地があったのだ．そういった状況の中で，交渉を設計し実施するための理論の存在を知った当時の受講生は，徹夜をするほど熱心に交渉の授業の準備をし，交渉結果に対する議論を夜通しで行うこともあった．

　それから5年ほど経って，当時の受講生仲間数人と話したときに興味深かったことがある．全員が仕事の中で，交渉学の枠組みを"対人での問題解決のアプローチ"という本来の交渉の定義に沿うように，様々なシーンで活用していたのだ．私のように戦略コンサルタントになったものや，設計士になったものなど職種も業種も様々だったが，顧客との雑談も，上司との面談も，取引先へのプレゼンテーションも，人とのやり取りが発生する場面では交渉の理論を適用しているようだった．報告や連絡も含めて，まったく人とのやり取りが存在しない研究や仕事はほとんどないと思う．交渉力は，目標を実現するために周囲の関係者と調整し，自分が取り組みたいテーマに時間と意識を集中させ，時にリスクから身を守るための武器になるため，早い段階で身につけるべき基礎的な能力に他ならない．だからこそ，私自身も交渉の研究に携わりながら，日本でも学習機会を増やすための取り組みを進めている．

著者の一色は，大学以外に，企業向け研修において，技術者を含む社会人に，このプログラムで開発した模擬交渉を用いて，交渉学の学習機会を提供してきた．そのなかで，修士号，博士号を持つ先端研究者が交渉学を学習後，「交渉に科学があるとは思わなかった．苦手だと思っていたが，これなら自分でも学習できる」，「知的な興奮が心地よかった．模擬交渉は実践的なだけではなく，奥が深くて探究心がそそられる」という声を数多く聞いてきた．著者の田上は，佐藤とは異なり，社会人として交渉学を学習する機会を得た経験を持つ．その田上の生の声も聞いてみよう．

コラム②社会人からの学習者　（田上正範）

　私は，小学生の頃から理数系が得意で，国語が苦手という，典型的な理系人間である．大学院では，応用物理学を専攻し，研究室は数理物理系で，超伝導体の物性研究を行っていた．仮説を立て，実験を行い，実験結果を検証する日々である．既に評価された理論モデルを活用し，未評価または評価の分かれるモデルを検証する．論じるためには，実験データが必要であり，また実験には再現性が前提となる．未知な世界に一石を投じ，真実を明らかにしていくことに面白さがある．対象は，自然物であり，嘘や偽りはない．気分によってとか，日によって変わることはない．実験は，だれが，どこで，いつ行っても，再現可能な条件下の結果が求められる．"真実は1つ"．歴代の偉人に尊敬の意を表しつつ，未解明の世界を切り拓きたい，研究を続ける動機の源である．そんな研究活動を続けるなかで，知らず知らずのうちに，論理的に本質を追究する力が育まれ，それは，卒業後に仕事を進めるうえで，私の力となっていた．

　大学院を卒業後，大手電機メーカーに就職し，半導体デバイスの技術開発者として採用された．所属先のミッションは，研究ではなく，開発である．大学時代に蓄積した物性に関する知識は役立ったが，担当業務に必要な知識のほとんどは，初めて知ることばかりであった．しかし，新しいデバイスを開発し量産を図るうえで，未解明の世界は多数あり，大学時代に育まれた，データを根拠に論理を組み立てる力は，職場でも評価を受け，業務を任せてもらうことが自然に増えていった．その後，社内公募による転機を得，教育サービス事業の企画推進（課長），関係会社のシステム部門（部長）等を歴任した．役職を経るにつれ，社内外の交渉場面も増え，相応の経験を積んでいった．

この頃には，まだ交渉学には出会っていない．ただし，交渉の実務を通じて信頼関係つくりの経験を結果的に蓄積していた．いわば，経験則を育んでいたといえよう．この頃の私は，よい顧客（パートナー）や上司，同僚，仲間に恵まれ，特に社外の方との出会いが貴重であった．エンドユーザーのことを考え，所属組織のことを考え，そして自分のことを考える方々と，一緒に実務をする機会を得，多角的な現実を学んだ．「いつも笑顔が一番！」苦悩する毎日のなかで，パートナーがよく発していたモットーである．そんな方々が，なぜ私を信頼してくれたのか，未だに納得のいく説明には至っていない．ただ，論理的な説明力といったスキルよりも，エンドユーザーが求めることに対し，"真実は1つ"と，本質を追究しようとする姿勢が，会社の垣根を越えたパートナーとしての共感につながったのかもしれない．

　交渉学との出会いは，この後である．社内外の数多い交渉場面の中で，当然失敗も多数経験したが，幸いなことに周りの方々に恵まれ，なんとか乗り越えてきた．限界を感じたのは，マネージャー職に就き，管理を含め，部下育成に対し頭を悩ませたときである．マネージャーとは，管理職であり，部下をもつ職である．チームによる達成感を味わえる醍醐味もあるが，他方，「自分の思い通りにならない」「自分が手を動かした方が楽だ」といったジレンマにも直面する．人の育成は簡単ではない．任して，任さず！　所属先で学んだ教訓である．私は，学生時代にも，クラスやクラブのまとめ役をしたことがある．ただ当時は，その場限りの，臨機応変な柔軟さで乗り切っていた．企業の職として勤めたとき，そこには責務があった．一人ひとりの対応は学生時代と変わらないが，ふと気が付くと対応方法をパターン化し，単純にいえば，管理を含め，育成しやすい人とそうでない人を分けて対応していた．これが，経験則というものかな，と当時はとらえていた．役職を経るにつれ，部下の人数も増えてくる．そんなとき，事件が起きた．問題の詳細は公開できないが，あるミスをきっかけに，信頼する仲間を自分の手で追い込まなくてはならない事態に遭遇した．根本原因は，私の管理不行き届きだ．「任して，任さず」とは名ばかりに，任せっぱなしになっていたことが原因である．なんとか事なき結果で落ち着いたが，二度と経験したくない後悔だけが残った．大学時代には50人程を率いる経験を積んだが，責務を伴う企業では，20人までが限界と感じていた．

　そんなとき，交渉学と出会った．自分の経験に，体系立てた理論を組み合わせると，ノウハウとして人に伝えることができる！　部下の育成は20人までが限界と感じていた私にとって，まさにイノベーションのような方法論だ．本書で解説するミッション，ゾーパを理解する人は，前述の管理や育成

> しやすい人であり，バトナの観点を持つ人は，社内・社外に関わらず，パートナーとして仕事を共にできる責任者層であると，経験的に感じていたことと一致していた．
>
> 　現在，大学生や若手の社会人を中心に，交渉学教育に取り組んでいる．技術者から転じ，創業ブームに乗じて得た社内外交渉の経験を基に，そのエッセンスを発信している．経験を人に伝える方法論として，学習者に最適な学習方法を追い求めている．

　この経験談を見て，皆さんはどう思われただろうか．学生時代か社会人時代かに拘わらず，理系である2人が，交渉に理論があること，その理論が学べることを知り，学習を継続し，学んだことを実際に活用したことが，現在の仕事に大きな影響を与えていることがわかる．

　一般的に，交渉のプロと言えば，弁護士[6]だと言われている．理系にとっては，議論しても歯が立たなそうだと感じている人も多いだろう．ところが，残念ながら，欧米のロースクールと異なり，日本の法学部や法科大学院では，交渉学の学習機会のない大学が多く，交渉学の学習機会を得ている者は少ない．日本の弁護士は，交渉学について，どのように感じているのだろうか．若手弁護士向けの研修会に参加し，交渉学という学問に初めて触れた弁護士は，「今まで交渉というと勝ち負けのイメージが強かったが，その考え方が改まりました」，「交渉術ではなく，交渉学の基礎を学べたのが良かった．価値観の共有，創造的な選択肢の重要性を理解することができた」[7]とコメントしている．この研修を企画した研修委員の田中章弘弁護士は，「交渉学が提唱する交渉は，パイを奪い合うのではなく，パイを作り出すための方法論に主眼が置かれているということがわかりました．この交渉学が提唱する方法論は，依頼者に真の利益となる交渉の進め方を教えてくれます．破滅的な交渉を望んでいる依頼者への説得の道具になりうるものです．依頼者が，最終的には当該事件限りでの

---

[6] 弁護士は，法律関連の業務における交渉代理人である．詳細は，弁護士法（第3条2項）参照．
[7] 大阪弁護士会法友倶楽部主催「弁護士のための交渉学」，2012.7.2，アンケート自由記述より抜粋．

解決を望むということであっても，我々が負う善管注意義務は，依頼者が採りうる選択肢を示すことを要求しています．この意味で，交渉学は，単なる便利な道具にとどまらず，我々にとって不可欠なスキルを身に付けさせてくれるものだと思いました」[8]とコメントしている．弁護士にとっては，弁護士本人のみならず，依頼者に価値を生み出すためにも，交渉学を学習することが有効であると認識している例である．

　同じ法律資格者である弁理士[9]にとっては，どうだろうか．弁理士には，理系出身者も多い．工学系出身であり，交渉学を学習した的場成夫弁理士は，代理人として良い技術を強い特許権として権利化しながら，交渉戦略の失敗により事業として成功しなかった経験を踏まえて，「交渉学を学んでみると，どんな交渉にも『交渉できる幅』というものが存在するということが摑めます．『Win-Winという交渉結果を得るには創意工夫が必要である』という趣旨の言葉を，講師から何度か聞いているうちに，『交渉にクリエイティビティが大切なのだ』と感じた瞬間がありました．『創造』をメインテーマに持ち続ける私にとっては，この瞬間が交渉学受講の最大の収穫でした」[10]とコメントしている．これらのコメントは，交渉のプロである弁護士と弁理士にとっても，法律の専門性を活かすためには，交渉力が必要であり，交渉学の学習が有効であることを示している．技術などの専門能力を持つ理系の皆さんも，その専門性を活かすためには交渉力が必要であり，交渉学を学習することは有益である．

　一方，書店を見ると話術を用いて相手を意のままにすることを推奨するような交渉のテクニックを紹介する書籍が数多くみられる．交渉学の研究は，このような交渉術と呼ばれるテクニックと何が異なるのだろうか．コーエン博士はその著書の中で，「空港の売店では『交渉ですべての望みをかなえる方法』だの『絶対に譲らない！　最強の交渉人になる方法』だのという本を目にすることも珍しくない．けれども読者の方々は，絶対にこうしたアプローチをとって

---

[8]　大阪弁護士会法友倶楽部：法友 vol. 121, 2012, Oct., 研修委員会　田中章弘，研修会報「弁護士のための交渉学」, 2012.10, pp. 56-57.
[9]　弁理士は，特許権等，知的財産関連の業務における交渉代理人である．詳細は，弁理士法（第4条1項）参照．
[10]　日本弁理士会：会員　的場成夫，「知財ビジネス交渉学（基礎）──交渉で知財戦略すべてパー」，パテント Vol. 58, 2005.8, pp. 90-92.

はならない．なぜなら，研究者であるあなたの交渉相手のほとんどは，職場の同僚や従業員や雇用主など，継続的なやり取りがあり，今後も長期にわたって付き合わなければならない人物であるからだ．現時点で自覚があるにせよないにせよ，こうした人々との関係は，あなた自身にとってもあなたの未来にとっても重要である．巧妙な交渉術で彼らを操って，後悔するような合意をさせたり，してやられたという気持ちを抱かせたりすることがあってはならない」[11]と理系研究者に注意喚起している．海外旅行の土産物屋で，残ったコインで買い物をするような，一度だけの交渉で，二度と会わない相手であれば，巧みな話術で交渉することもあり，その有効性を否定するつもりはない．しかし，コーエン博士の指摘通り，継続的な関係やパートナーシップを目的とする交渉においては，巧みな交渉術で得た結果は継続せず，逆に，中長期的な関係構築の可能性を低めるのである．その意味で，コーエン博士の指摘は，示唆に富んでいる．コーエン博士はさらに，自分と交渉相手の利益と要求を重視する交渉として，ハーバード大学交渉学研究所の交渉の学習を推奨し，研究現場における実践方法を紹介している[12]．

　交渉のテクニックを知っておくことは無意味ではない．交渉相手が微妙な人間心理の隙間をついたアプローチをしてくるかもしれない．自らそのテクニックを使用するためではなく，安易に相手のテクニックに陥れられないために，予め学習しておくことは有益だ．また，このようなテクニックには，それを封印する方法も研究されており，学習により相手のアプローチを制することも可能である．

　第1章「交渉の理論」では，交渉の背景となる理論と教育方法を説明する．第2章「論理的思考に基づく，意思決定」では，交渉シーンの理論解説を整理するとともに，意思決定論をベースとした論理的な交渉シナリオの作成について説明する．ここでは，必要な情報を整理し，全体を俯瞰するマップ化，論理的な意思決定のためのロジックツリー，交渉において選択肢を拡張するための

---

[11] カール・M. コーエン，スザンヌ・L. コーエン：ラボ・ダイナミクス　理系人間のためのコミュニケーションスキル，浜口道成監訳，メディカル・サイエンス・インターナショナル，2007，p. 49.
[12] 同書，Chapter 3, pp. 47–78.

ブレインストーミング,交渉相手の背景にあるコンテキストを引き出すための質問の設計などについて,具体的なシーンを用いて理論を解説する.これにより,論理的な発想をどのように交渉に活用し,交渉シナリオを作るまでに到達するかを学習できる.次に,第3章「行動科学に基づく,コミュニケーション」では,コミュニケーションの概念を整理した後,行動科学の研究に基づき,コミュニケーションで陥りやすい罠やその乗り越え方について,具体的なシーンを用いて理論を解説する.

第1章 交渉の理論

1.1 交渉の概念

　交渉学は，1970年代後半に始まる歴史のある研究であり，当初は，戦争の研究からスタートしている．米国ハーバード大学の交渉学研究の創始者であるロジャー・フィッシャー教授は，研究に至った経緯をこう話している．「私が戦争から戻ってくると，なんと私のルームメートと2人の親友は戦死していたのです．そのとき，私は思いました．『我々は文化や人種，思考という相違をなくすのではなく，それを公正に扱うことで止揚していく方法が必要なのだ』と」[1]．これがお互いの相違を認めたうえで，それを乗り越える方法を研究するハーバード・ネゴシエーション・プロジェクト（HNP）の原点となった．交渉学研究では，国家間の戦争回避交渉，企業間の提携交渉やクレーム交渉から，身近な商品の売買交渉まで，多彩な交渉事例が研究された．ここで言う交渉とは，「複数の当事者の間に，利害関係などのズレ，対立・衝突（コンフリクト）という問題が発生し，それを乗り越えるために行う双方向コミュニケーションなどの問題解決のプロセス」[2]である．交渉学研究では，交渉はなぜ発生したのか，交渉者は何を目指していたのか，交渉者はどのような準備をしたのか，

---

[1] September 2002，特別インタビュー，ロジャー・フィッシャー，ハーバード流交渉学講義，DIAMONDハーバード・ビジネス・レビュー編集部訳，*Harvard Business Review*，ダイヤモンド社，2002，p. 49.

[2] ロジャー・フィッシャー，ウィリアム・ユーリー，ブルース・パットン：新版ハーバード流交渉術，金山宣夫，浅井和子訳，TBSブリタニカ，1998，pp. 5-6に基づき，作成．

図1 ◆ 交渉理論の概念図

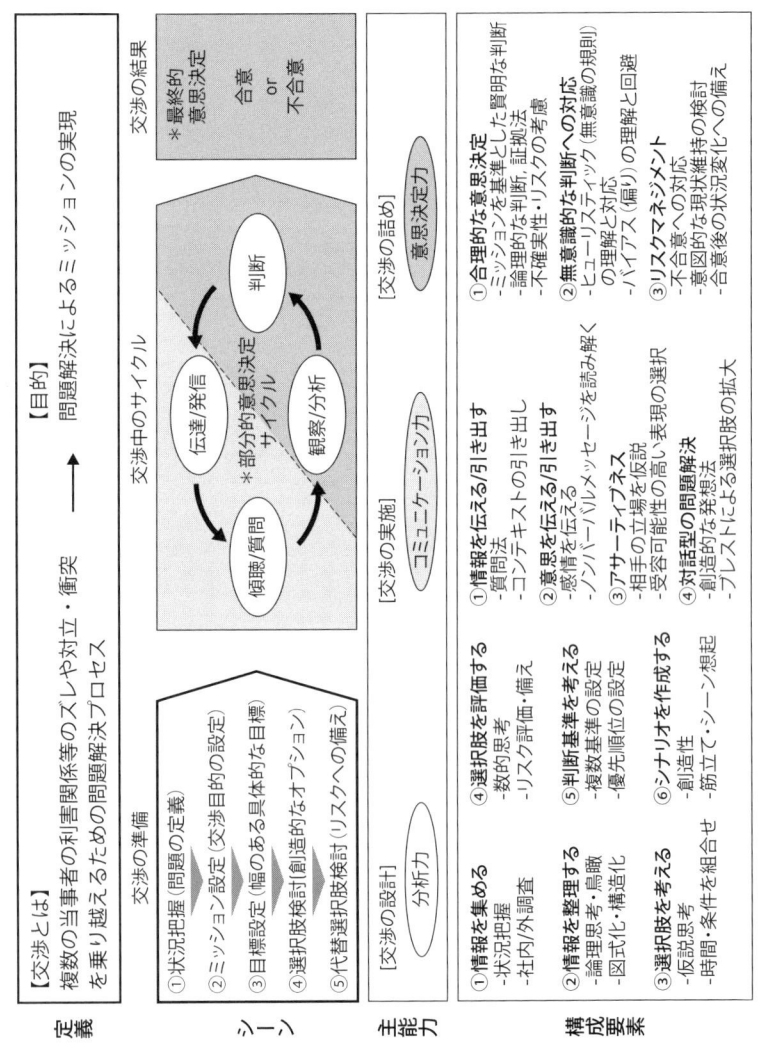

交渉結果を導き出した因果関係は何かなどが，具体的な事例の解析から研究された．

　研究の背景理論としては，論理学や修辞学のアプローチ，社会心理学や脳科学のアプローチ，意思決定論やゲーム理論のアプローチなどの多様な理論が用いられている．たとえば，アリストテレスはその著書『弁論術』において，「弁論術とは，どんな問題でもそれぞれについて可能な説得の方法を見つけ出す能力である」[3]と定義づけている．交渉学研究では，交渉において，パイを取り合うのではなく，新しいパイを生み出す創造的な選択肢（クリエイティブ・オプション，p.23参照）を創り出すことを推奨している．相手が受け入れられる方法を見つけ出すという観点で，弁論術における可能な説得の方法を見つけ出す能力とは，交渉学研究における創造的な選択肢を創る能力と類似性がある．最近では，人間の合理性の限界（限定合理性）や意思決定における無意識の規則（ヒューリスティック）の研究も取り入れている．

　それでは，交渉力を構成する要素とその相関関係を整理してみよう．

　交渉の目的は，交渉により問題を解決し，交渉者が設定した今回の交渉で目指すゴール（ミッション：Mission）を実現することである．交渉シーンは，大きく3つに分けられる．交渉の準備で，交渉シナリオを作成し，交渉中のサイクルでは，相手とコミュニケーションを取りながら，部分的意思決定を繰り返す．そして，最終的な意思決定を行い，合意もしくは不合意という交渉の結果に至る．

　交渉は，事前の準備工程が重要であり，準備した内容が交渉の結果に大きく影響する．準備の方法論として，次の5ステップアプローチ[4]を推奨している．

①状況把握

　交渉に関係する情報を収集したうえで，状況を整理して，相関関係を把握する．そして，優先順位を考えながら，交渉により何を解決すべきなのかという問題を定義する．

---

[3] アリストテレス：弁論術，戸塚七郎訳，岩波文庫，1992，p.31．
[4] 田村次朗，一色正彦，隅田浩司：ビジュアル解説　交渉学入門，日本経済新聞出版社，2010，pp.62-89．

②ミッション設定

　ミッションは，合意の先にあるものであり，その概念が広く，中長期的な視点で考える必要がある．ここでは，今回の交渉の先に目指すゴールを対象とし，交渉のミッションを設定する．

③目標設定

　設定したミッションを実現するためには，具体的な目標が必要となる．「たいていの意思決定では，複数の目標を達成することが要求される」[5]．ここでは，最高と最低の2つの幅のある目標（ゾーパ：ZOPA, Zone of Possible Agreement）を設定する．

④選択肢検討

　目標を達成するためには，多くの選択肢が必要となる．そのため，選択肢を評価する基準を複数設定し，複数の選択肢を検討する．ここでは，条件と時間を組み合わせるなどの方法により，創造的選択肢を考えられるか否かが重要となる．

⑤代替選択肢検討

　交渉の目的は，ミッションの実現であり，合意でも不合意でもない．しかし，交渉の結果は，合意か不合意のいずれかにより最終的な意思決定が行われる．不合意となった場合でも，ミッションの実現可能性を残すため，リスクの視点から，代替選択肢（バトナ：BATNA, Best Alternative to a Negotiated Agreement）を予め準備段階で設定しておく必要がある．

　①から⑤まで，順番に準備するのが基本だが，各ステップに時間を掛けて検討するよりも，現在，わかっている情報や条件を仮置きしながら，一通り最後まで考え，何度も繰り返し見直したり，情報の追加や設定を変えながら考えるのがお勧めだ．全体観をつかむ準備が重要なのだ．なお，ミッション/ゾーパ/バトナによるフレームワークは，1.2節で詳しく説明する．

　交渉中のサイクルでは，まず，交渉者が情報の発信や意思の伝達をし，交渉

---

[5] M. H. ベイザーマン，D. A. ムーア：行動意思決定論　バイアスの罠，長瀬勝彦訳，白桃書房，2011, p. 3.

相手はそれを聞き（傾聴），質問する．交渉者は，交渉相手の反応を観察し，相手の意思を分析して，一定の判断（部分的意思決定）を行う．このサイクルが何度も繰り返されていくうちに，選択肢の精度が高まり，困難な状況下で耐えうるような，深いレベルの条件は判断基準によって絞り込まれていく（交渉のスパイラル）．そして，最後に，最終的な意思決定として，合意もしくは不合意という交渉の結果が導き出される．合意や不合意は交渉の目的ではなく，これらはその結果なのである．以上の定義とシーンに基づき，交渉に必要な主能力と構成要素を整理してみよう．

まず，交渉の設計段階では，分析力が主能力となる．分析力は，「情報を集めて，整理する」，「選択肢を考えて，評価する」，そして「これらに基づき，複数基準と優先順位に基づき，判断基準を考える」という要素で構成されている．そして，これらをすべて用いて，交渉に必要なシナリオを作成するのである．

次に交渉の実施段階では，コミュニケーション力が主能力となる．コミュニケーション力は，情報や意思を伝えるとともに，相手から引き出す要素から構成されている．特に，コンテキストを引き出す能力，ノンバーバルメッセージを読み解く能力が重要である．コンテキストとは，背景，前後関係，文脈などであり，音声，文字，数字などのコンテンツと異なる特徴がある．「『コンテンツ』は物理的に認識可能な（目に見える）ため，特に，意識しなくても誰でも同様に客観的に，そして，普遍的に理解できるのが特徴である．一方で，『コンテキスト』は物理的に認識できず（目に見えず），受け手が主観的に感じる必要性がありながら，曖昧なものであるため，受け手によって解釈が異なりうるということが特徴である」[6]．

ノンバーバル（非言語）メッセージの例として，表情がある．顔の表情から，相手の感情を察するような経験は，皆さんにもあるだろう．そこで，もし，顔の表情から万国共通となるような感情を分類できるなら，表情から感情を察する能力が身に付くのではないだろうか．医学博士（心理学）であるポール・エ

---

[6] 杉野幹人，内藤純：コンテキスト思考　論理を超える問題解決の技術，東洋経済新報社，2009，pp. 14-15.

クマンは，この問題について，過去30年間，6つの感情（幸福，悲しみ，驚き，恐怖，怒り，嫌悪）と顔の表情を研究し，「この問題は，科学的研究によって決定的な解決をみた．すくなくともある種の顔つきは，確かに万国共通であることが明らかにされたのである」[7]と述べている．この研究を用いれば，交渉相手のノンバーバルメッセージを有効に観察して，分析することが期待できる．

　また，自分から情報を発信する場合は，相手に誤解されない方法を選択する必要がある．なぜなら，人間は合理的な意思決定をするとは限らないからだ（限定合理性）．特に，交渉の場面では，対立や衝突という問題が発生し，その解決のプロセスにあり，お互いに特殊な緊張状態にある．冷静なときであれば，受容すべき選択肢であっても，緊張状態から拒絶してしまうことも少なくない．それを乗り越えるための方法が，アサーティブネスである．「アサーティブネスとは，相手の権利を侵害することなく，自分はどうしたいのか，何が必要なのか，そしてどう感じているかを相手に対して，誠実に，率直に，対等に自信を持って伝えることのできるコミュニケーションの考え方と方法論を意味する」[8]．アサーティブネスを身に付けることは，交渉において発信した意思に対して，相手の受容可能性を高めるという視点で有効である．さらに，自分の主張を相手に押し付けるだけでは，問題解決に向けたコミュニケーションがうまくいかない可能性が高い．なぜなら，交渉では，決まったパイを奪い合う（分配）やそれぞれのパイを交換する（交換）だけではなく，創造的な問題解決が求められるからだ．そのため，交渉におけるコミュニケーションでは，創造的な発想法が必要になる．仮説思考で生み出した条件と時間を組み合わせた選択肢を用いながら，交渉相手とブレインストーミングして新たな選択肢を生み出す要素も重要である．

　交渉の詰めの段階では，意思決定力が主能力となる．交渉の中のサイクルでも，部分的意思決定が繰り返し行われるが，ここでは，ミッションを基準とし

---

[7] P. エクマン，W. V. フリーセン：表情分析入門　表情に隠された意味をさぐる，工藤力訳，誠信書房，1987, p. 33.
[8] アン・ディクソン：アサーティブネスに学ぶ対等なコミュニケーション　それでも話し始めよう，アサーティブジャパン監訳，クレイン，2006, p. 3.

て，合理的に最終的意思決定を行う能力が重要である．また，限定合理性を考慮すると無意識的な判断への対応も必要となる．この場合，ヒューリスティック（heuristic）に基づく，バイアス（bias）の理解と回避が重要になる．「人間は意思決定にあたって数多くの単純化の方略や経験則に頼っていることが見出された．単純化の方略はヒューリスティックと呼ばれる」[9]．ヒューリスティックは人間の無意識の行動に影響している．また，交渉という微妙な心理状態の下においては，ヒューリスティックに基づき，多くのバイアスが生じる．バイアスとは，偏りであり，意思決定の研究では，判断に影響する多くの認知バイアスが研究において見出されている．意思決定は，ヒューリスティックに影響され，バイアスによりコミュニケーションが困難になる．そのため，その理解と回避が重要な要素となる．

　合意は，交渉の結果であり，目的ではない．また，ミッションを基準として，合理的な意思決定を行い，かつ，無意識な判断に対して適切な対応をしたとしても，交渉相手が合意するとは限らない．したがって，すべての交渉において，不合意に対して，予め備えておく必要がある．つまり，リスクの概念を持つということである．交渉の最終的な意思決定において，交渉相手と不合意を選択する場合，ミッションを実現するための代替選択肢があるか否かが重要な判断基準となる．そのため，意思決定力において，リスク・マネジメントも構成要素の1つである．リスクとは，「起こりうる損失の変動とその結果から生じる損失」である．具体的には，①損失の可能性，②損失のチャンス（または確率），③損失の原因（ペリル），④危険な状態（ハザード），⑤損失や損害にさらされている財産または人，⑥潜在的損失，⑦実際の損失と予想した損失の変動，⑧不確実性，以上の8つである[10]．

　また，リスク・マネジメントは，「リスクのもたらすこれらの影響を最小のコストで最小化しようとする科学的管理の学であり，実践的技術である」[11]．今回の交渉相手との交渉により問題が解決できない場合，交渉での問題解決自

---

[9] M. H. ベイザーマン，D. A. ムーア：行動意思決定論　バイアスの罠，長瀬勝彦訳，白桃書房，2011, p. 9.
[10] 武井勲：リスク・マネジメント総論，中央経済社，1987, p. 4.
[11] 同書，はしがき．

体ができない場合も想定される．これらをリスクと認識し，それに備える必要がある．また，合意した後でも，状況が変化する可能性がある．その状況の変化に対して，合意の中に条件を組み込み，リスクに備えた意思決定が必要である．また，状況によっては，意図的な現状維持を選択する場合もある．リスクに備えた意思決定が必要である．

次に，交渉を戦略と戦術の面から見てみよう．

表1の例に見られるように，戦略と戦術は，アプローチが異なる．戦略は，大局的なアプローチであり，戦術は，局地的なアプローチである．たとえば，戦い自体を行うか否かから考えるアプローチが戦略であり，戦う前提でその具体的な方法を考えるアプローチが戦術である．これを交渉に当てはめてみよう．交渉の準備段階における5ステップアプローチ（①状況把握，②ミッション設定，③目標設定，④選択肢検討，⑤代替選択肢検討）は，交渉における戦略の立案である．この段階では，ミッションを軸として，必要な情報を集めて整理し，選択肢を考えて評価する．そして判断基準を決めて，シナリオを作成する．これらの行為は，大局的なアプローチに基づく，戦略を具体化する行為である．戦争における勝利とは，交渉においてはミッションの実現と言える．

表1 ◆ 戦略と戦術[12]

引用文献	戦略	戦術
広辞苑	戦術より広範な作戦計画．各種の戦闘を総合し，戦争を全局的に運用する方法． 転じて，政治社会運動などで，主要な敵とそれに対応すべき味方との配置を定めることをいう．	戦闘実行上の方策．一個の戦闘における戦闘力の使用法．一般に戦略に従属． 転じて，ある目的を達成するための方法．
戦略戦術詳解	戦争目的ヲ達スル為メノ学即チ統帥ノ学ナリ．	戦闘目的ヲ達スル為メノ学即チ交戦学ナリ．
戦争論	戦争という目的に沿って戦闘を運用する方策の学問．	（戦闘とは個人の命令の届く範囲のことであり，）一戦闘中における，戦闘力使用の学問．

[12] 新村出：広辞苑第5版，岩波書店，1998，p.1521（戦術），p.1534（戦略）．研究会：戦略戦術詳解第1巻，兵事雑誌社，1911，p.88．クラウゼヴィッツ：戦争論（上），清水多吉訳，中公文庫，2001，p.146（戦術），p.246（戦略）．

一方，戦略を具体化するためには，戦術が必要である．具体的な交渉シーンでは，アジェンダ（協議事項：p. 43 参照）単位で，伝達・発信，傾聴・質問，観察・分析のプロセスが行われ，部分的意思決定が行われる．このサイクルが繰り返された後，最終的意思決定に至る．この部分的意思決定において行われるコミュニケーションでは，有効に自分の情報を伝え，また，質問により相手の情報を引き出す技術が必要となる．さらに，交渉中に言葉では表現していない相手のメッセージ（非言語メッセージ：p. 78 参照）を読み解く技術も必要である．これらの技術は，局地的なアプローチに基づく，戦術の例である．

書店などよく見られる交渉術や交渉テクニックの本には，言葉巧みに相手を陥れる心理的なテクニックを解説したものも多い．このような心理テクニックを知っておくことは，その罠に陥らない防衛な観点から考えると一定の意味はある．しかし，これが交渉の本質ではない．戦略なき戦術は意味がないのである．

1.2　交渉のフレームワーク

交渉の準備には，5 ステップアプローチというフレームワークがある．そのフレームワークは，ミッション（Mission：この場合，交渉のミッション），ゾーパ（ZOPA：Zone of Possible Agreement，この場合，最高と最低の 2 段構えの幅のある目標），バトナ（BATNA：Best Alternative to a Negotiated Agreement，この場合，交渉のミッションを実現できなかった場合の代替選択肢）から構成されるフレームワークで考えるとわかりやすい．その相関関係を示すのが，図 2 である．

交渉の準備において，最も重要なことは，ミッションを設定することである．ミッションは，交渉の軸となるものである．ミッションは，より抽象度の高い上位概念から，それを分析した下位概念まで階層的に存在している．たとえば，大学で研究を行う教授の立場を例に考えてみよう．教育基本法（第 7 条 1 項）では，「大学は，学術の中心として，高い教養と専門的能力を培うとともに，深く真理を探究して新たな知見を創造し，これらの成果を広く社会に提供することにより，社会の発展に寄与するものとする」と規定されている．つまり，法律による大学のミッションは，究極的には社会の発展に寄与することで

図2 ◆ ミッション/ゾーパ/バトナの相関図

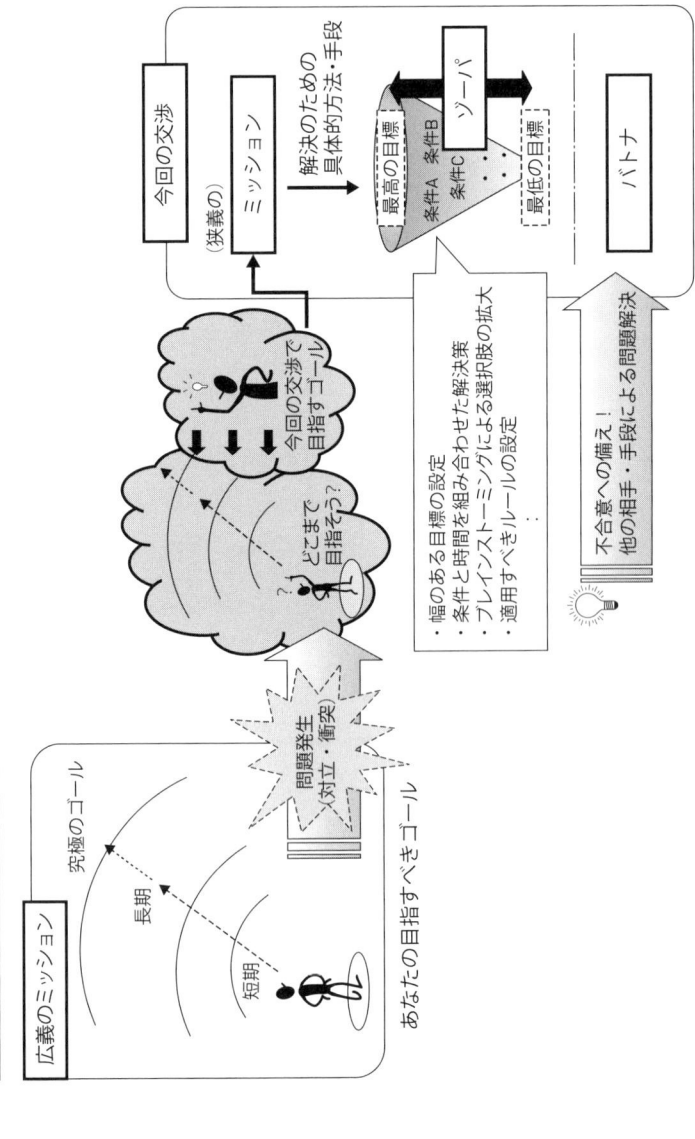

あり，そのために教育，研究，社会貢献の3つを実現することが求められている．たとえば，東京大学のような特定の大学の場合，東京大学が果たすべき役割としてのミッションがある．そして，特定の研究を行う教授には，その教授としてのミッションがあるのだ．これらのミッションは，同一ではないが，上位，中位，下位と階層化しており，それぞれが密接に連携している．中長期的な視点から，実現すべき究極のミッションに基づき，現在の交渉の先に目指すべきミッションがある．これが，今回の交渉のゴールである（以下，交渉のミッションという）．

交渉のミッションを実現するためには，具体的な目標が必要である．この目標の設定において重要なことは，目標に幅を持たせることである．少なくとも最高と最低の2つの目標を設定する．これが，ゾーパである．目標は数字のような具体的な条件が必要だが，その条件は1つではない．通常，条件は複数存在し，各条件が組み合わさって目標が設定される．また，目標を決定するために必要な情報が十分にそろっているとは限らない．その場合，目標を決定するために必要な基準や手続きを決めて，目標を設定することもできる．つまり，パラメーターを入れると一定の条件が成立するようなルールを交渉するのである（ルールの交渉）．ここで重要なのは，選択肢を創造的に生み出すことである．交渉は，対立や衝突という問題が発生し，その解決のプロセスであることを考えると選びうる選択肢が固定しているものではない．また，固定した選択肢を争うと決まったパイを奪い合う分配型の交渉，もしくは，単にお互いのパイを交換する交換型の交渉のいずれかになってしまう．事前準備の段階で，交渉を設計し，交渉中のサイクルにおいて，自分の意思をアサーティブに伝え，相手のコンテキストを引き出したうえで，部分的意思決定を行うことができれば，選択肢を拡大し，事前に想定していた以上の選択肢を生み出すことができる．交渉学では，生み出した選択肢のなかで，利益の総和を拡げるような選択肢を創造的選択肢（クリエイティブ・オプション）と呼ぶ．クリエイティブ・オプションを持つことは，単に選択肢が増えるのみではなく，交渉により対立や衝突という問題を乗り越え，さらに，交渉相手と双方に価値ある関係を構築するような創造的な交渉が実現できる．交渉学研究では，いずれかの当事者が勝つか負けるかというWin-Loseの交渉ではなく，双方が価値のある関係を構築する

図3 ◆ クリエイティブ・オプションの概念図

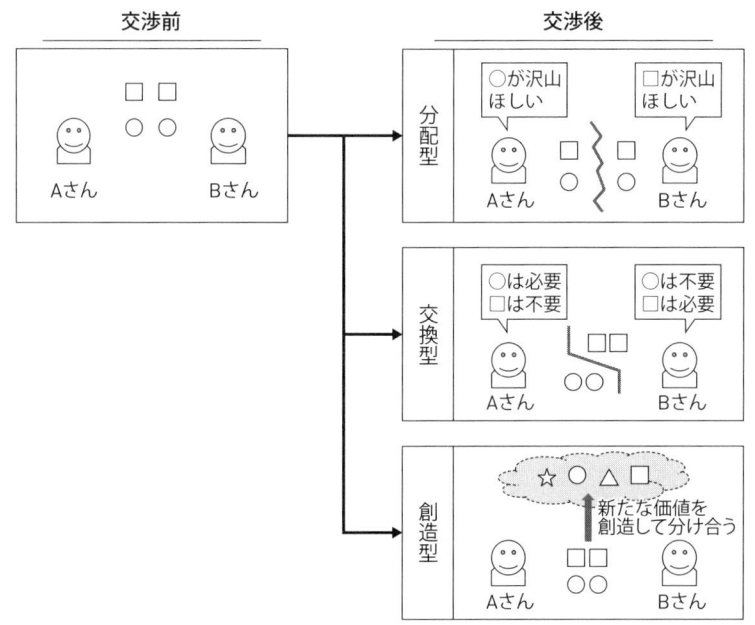

Win-Win交渉を推奨している．交渉により，Win-Win関係を構築するためには，クリエイティブ・オプションが欠かせない．

　交渉の目的は，ミッションの実現であり，合意したか不合意であったかは，交渉の結果である．しかし，交渉が不合意の場合も考えられる．その場合，交渉のミッションを実現するためには，代替案が必要である．これがバトナである．バトナは，ハーバード大学の交渉学研究最大の発見であると言われている．多くの難易度の高い交渉を分析すると交渉者がバトナを明確に意識し，バトナを設定して交渉するだけでなく，バトナを強化する取り組みまで行っていた．交渉のシナリオ作成において，ミッション，ゾーパ，バトナをフレームワークと考えて準備し，交渉に臨むことは有益である．たとえば，交渉が合意したか不合意だったかに拘わらず，交渉のフレームワークと比較して，検証することができる．また，交渉の結果を交渉者以外の人間や組織で共有する場合にも，有効なツールとなる．さらに，交渉の能力を育成する教育において，交

渉のフレームワークを用いて事前に準備し，模擬交渉によるシミュレーションのトレーニングを行う方法は，学習効果が高く，大変有益である．

1.3　交渉の学習理論

　それでは，次に，交渉の学習理論を説明しよう．交渉学の学習の特徴は，米国のロースクールで行われている模擬裁判に起源をもつロール・シミュレーションを用いた実践的な演習型学習方法（以下，模擬交渉という）である．交渉学の学習には，模擬交渉が欠かせない．そこで，模擬交渉のプロセスについて説明する．模擬交渉は，次のようなプロセスで行われている．(1) 事前準備，(2) 作戦会議，(3) 模擬交渉，(4) 感想戦，(5) 全体フィードバック，である．ここでは，東京大学航空宇宙工学専攻「航空技術・産業・政策特論」の授業で工学系大学院生に実際に行われている1対1の売買取引の模擬交渉の例を用いて説明する[13]．

(1) 事前準備

　模擬交渉のケースは，①共通情報（双方が共通に知っている情報），②売主側の個別情報（売主のみが知っており，買主側が知らない情報），③買主側の個別情報（買主のみが知っており，売主側が知らない情報）の3種類の情報シートがあり，①は全員に，②は売主側のみ，③は買主側のみに配布される．最初に，受講生は，講師から交渉学の講義を受けて交渉のフレームワークを学ぶ．そして5ステップアプローチを用いて，交渉シナリオを準備する．事前準備の段階では，交渉シナリオは，各自が個人で作成する．分析力を用いて，情報を集めて，整理し，選択肢を考えて，評価する．特に，選択肢を考えるために必要な仮説思考，選択肢を評価するために必要な数的思考が重要となる．

---

[13] 鈴木真二，岡野まさ子編：現代航空論　技術から産業・政策まで，東京大学出版会，2012，pp. 209-215，付録演習：交渉学の航空工学教育への導入（一色担当）に基づき加筆．

(2) 作戦会議

交渉シナリオ作成において，創造的な選択肢を考えることが重要である．しかしながら，各自が個人で選択肢を考えるには限界がある．そのため，同じ役割の個別情報を持つ受講生同士が，お互いの交渉シナリオを説明し，設定理由を共有しながら，議論するのである．この演習プロセスを作戦会議と呼んでいる．作戦会議は，4から6名のグループで行う．この作戦会議により，各自の選択肢は，個人で準備していた選択肢より，格段に増えることになる．アイディアを膨らませるには，オズボーンのチェックリストが有効だと言われている．このチェックリストは「①転用，②応用，③変更，④拡大，⑤縮小，⑥代用，⑦置換，⑧逆転，⑨結合」[14] から構成されている．作戦会議では，同じ役割同士の議論から，9つの視点からの議論を通じて，選択肢を格段に増やし，また，クリエイティ・オプションを考えることができる．

また，いかに交渉相手について事前に仮説を立てても，相手のコンテキストは物理的に見えないため，交渉では，想定外の事態が起こりうる．同じ役割の情報を持ち，同じ時間，同じ課題を考えているはずの作戦会議のメンバーだが，それぞれがかなり異なる仮説を立て，それに基づき，交渉シナリオを考えている．まったく同じ情報をもとに同じ時間でシナリオを作ったにも拘わらず，かなりの個人差がある．作戦会議では，この事実を受け止めたうえで，自分の交渉シナリオを見直すことができる．模擬交渉の前段階で，交渉相手のコンテキストの仮説立てのためにも有効なプロセスである．

(3) 模擬交渉

模擬交渉は，1対1で，前半と後半の2つのパートに分かれて実施する．売買取引交渉では，一方が買主であり，一方が売主である．前半では，交渉相手からの情報を引き出すとともに，自分の情報や意思を相手に伝達し，発信するコミュニケーションを中心に交渉し，相手のコンテキストの引出しを試みる．交渉中は，伝達と発信，傾聴と質問，観察と分析のうえ，部分的な意思決定が

---

[14] 加藤昌治：考具―考えるための道具，持っていますか？，阪急コミュニケーションズ，2003，p.150．

サイクルのように繰り返される．途中に強制的なブレイクによる休憩を入れている．この休憩時間は，交渉相手との会話は禁じられ，前半の交渉を振り返る．作戦会議において，交渉シナリオを議論したメンバーとのみ情報や意見交換することが認められている．このプロセスでは，自ら冷静に交渉の前半を振り返る時間になるとともに，同じ役割のメンバーとの情報交換により，前半の交渉の進展をレビューすることもできる．そして，後半の交渉に入る．交渉時間が終了するまで部分的意思決定サイクルが繰り返され，最後に，合意，もしくは不合意という交渉の結果に至る．

（4）感想戦

模擬交渉終了後，交渉相手と行うのが感想戦である．感想戦では，最初に，模擬交渉の段階では交渉相手に秘密にしていた自分の個別情報をお互いに開示する．これにより，それぞれがどのような状況を背負い，どのような情報を持っていたかを初めて共有することができる．そのうえで，模擬交渉におけるお互いの交渉結果を振り返り，何が良かったか，何が問題であったかについて，交渉相手と意見交換するのである．そして，どうすれば対立や衝突という問題を乗り越えることができたかを，冷静に議論する．これは，実際の交渉では実施できないプロセスであり，模擬交渉のトレーニングにおいてのみ可能な学習方法である．

（5）全体フィードバック

次に，講師のガイダンスで，各チームの交渉結果が発表される．感想戦により自分たちの交渉結果をレビューしているが，他のチームの交渉結果を共有することにより，類似点と相違点を自ら見つけ，学ぶことができる．そして，講師からケースの学習目標が開示され，交渉学研究の観点から，それぞれの結果が何を意味するのか，対立や衝突を乗り越える方法として，何があったか，また，過去の受講生がどのような方法で乗り越えたかなどを聞き，自分たちの交渉を振り返るのである．

前述の東京大学航空宇宙工学専攻「航空技術・産業・政策特論」や技術経営

戦略学専攻「企業価値と知的財産」では，ビジネス・シミュレーションの学習効果を上げるために交渉学研究を用いた模擬交渉を実施している．模擬交渉を導入した背景は，次の理由である．「『航空技術・産業・政策特論』授業では，航空に関する幅広い知識を俯瞰的に学習可能となるよう，航空機メーカー，装備品メーカー，エアライン，商社，官公庁，研究機関等の協力を得て，多岐にわたる講義を実施した．一方で，こうしたオムニバス的な講義はいくつかの問題点を伴う．1つは，学生の興味・関心が散漫になりがちであるという点であり，もう1つは全体を体系的に理解することが難しいという点である．そこで，本講義では，2009年度よりビジネス・シミュレーション演習を取り入れた．これは，学生を航空機メーカーとエアラインに分け，航空機の開発・売買に関する現実の事例に近いケースを用いて交渉を行わせるというものである．同時に，この演習をより効果的なものにするため，米国ハーバード大学ロースクール等で実施され，高い評価を得ている交渉学の演習も取り入れ，その基本的な枠組みを習得させた」[15]．

具体的には，「航空技術・産業・政策特論」では，航空機メーカーH重工業と航空会社S航空がリージョナルジェット機[16]の開発と販売をめぐる交渉を行っている．学生からは，「交渉学やビジネス・シミュレーションの演習をもっと増やしてほしい」，「大局的な視点が身についた」，「大学院ではインプット型の講義が多いなかで，交渉のシミュレーションを行うなどアウトプット型の講義があるのは貴重」，「技術に偏らず，交渉もできる技術者になろうと感じた」，「今後社会に出てから非常に役に立つ」といった意見が多数出された．また，本演習が1年間を通じた講義全体の理解を深めるのに役立ったかについてアンケートを実施したところ，約8割の学生が，「大いに役立った」，または「役立った」と回答した[17]．模擬交渉は，交渉力の育成のみならず，幅広く学

---

[15] 岡野まさ子，一色正彦，鈴木真二：航空工学教育におけるビジネスシミュレーション及び交渉学演習の導入，工学教育，(J. of JSEE)，60巻6号，p. 53-58（2012）.

[16] リージョナルジェット機（Regional Jet）は，50〜100席程度の座席数の航空機．航続距離は，通常，2000キロメートル程度（羽田空港から北京空港までの距離に相当）．短い滑走路で離着陸できるため，小規模な空港でも利用可能であり，1990年代から市場が急拡大している．

[17] 鈴木真二，岡野まさ子編：現代航空論　技術から産業・政策まで，東京大学出版会，2012，p. 215，付録演習：交渉学の航空工学教育への導入．

習した知識を統合し，具体的なビジネスシーンに置き換えたケーススタディーやシミュレーションを行う演習型の学習形態においても，効果的であることを示している．

東京大学先端学際工学専攻「知財ビジネス交渉学」（2003-2006年実施）では，工学系大学院生を対象に，日本の企業や大学で実際に発生した交渉事例をモチーフに社会人向けに開発した4つのオリジナルケースを用いた．4つのケース（①〜④）には，それぞれ学習目標が設定され，徐々にレベルを上げて段階的に学習できるように設計されていた．それぞれ以下のような内容であった．

① 1対1の売買交渉
　大学と企業の間の産学連携の交渉シーン．売主役（企業）と買主役（大学）が1対1で対象商品の売買条件（1つの交渉事項，シングルアジェンダ）を交渉する．一見，単純な売買と思われる交渉から，相手のコンテキストを引き出し，単発の取引から，継続的な関係を構築できるか否かを争う．

② 1対1のクレーム交渉
　共同開発を行った2つの企業間の交渉シーン．共同開発品が，海外の第三者からクレームを受け，そのクレームにどのように対応するかの条件（1つの交渉事項，シングルアジェンダ）を争う．パートナーだった2社が利害の対立から敵対するか，それとも対立を乗り越えて，第三者のクレームに対抗するパートナーとなりうるかを争う．

③ 1対1の提携交渉
　大企業と中小企業が1つの技術を巡り，人，物，金を注ぎ込む合弁会社の設立を巡る交渉シーン．出資比率，役員構成，社名，特許権の帰属など，複数の協議事項（マルチアジェンダ）を争う．合弁会社を設立する価値とリスクを考慮し，戦略的なパートナーとなりうるかを争う．

④ 4対4の提携交渉
　日本と海外の大企業が，範囲を限定したパートナーから，お互いの技術・商品を出し合った戦略的なパートナーを目指した交渉シーン．各部門から選出された交渉者には，それぞれの部門独自の意思と利害の対立があり，最初に，社内交渉により，対立を乗り越えた後，相手との複数の交渉事項（マルチアジェン

ダ）の対立を乗り越えて，戦略的なパートナーとなりうるかを争う．

　以上，模擬交渉のプロセスとその教材となるケースについて説明した．この学習方法は，ハーバード大学の交渉学研究に基づくが，大学と企業や弁護士，弁理士などの実務家が協力し，日本人の学習指向も考慮し，発展させて開発したものである．たとえば，作戦会議，感想戦などは，オリジナルに開発された学習方法である．
　次に，交渉学の学習効果について，著名な3つの手法を用いて検証してみよう．最初は，教育学者であるデール教授の学習ピラミッドである．
　デール教授によると学習者の短期記憶が長期記憶になるか否かは，2週間が分岐点となる．ただし，長期記憶として学習内容が学習者に定着するか否かは

図4 ◆ Cone of Learning[18]

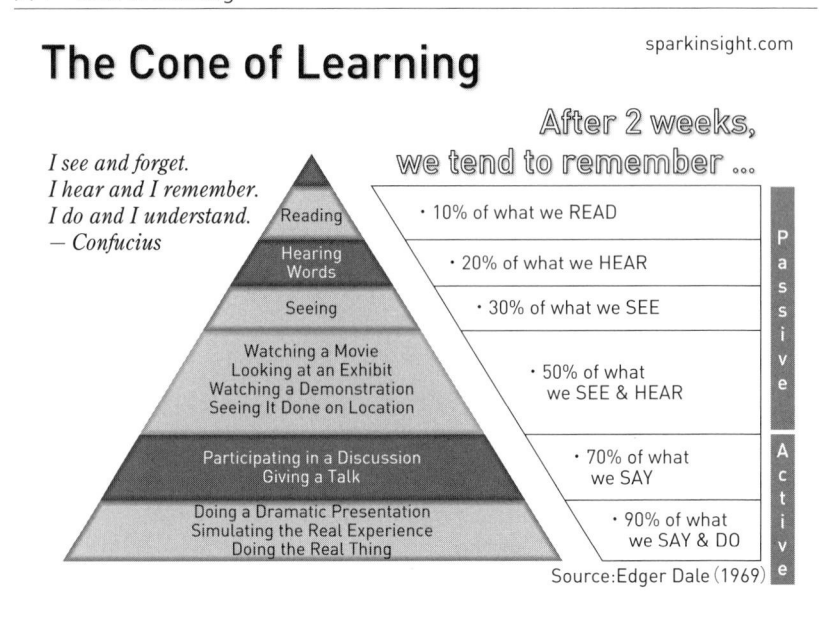

The Cone of Learning

sparkinsight.com

After 2 weeks, we tend to remember …

I see and forget.
I hear and I remember.
I do and I understand.
— Confucius

Reading — 10% of what we READ
Hearing Words — 20% of what we HEAR
Seeing — 30% of what we SEE
Watching a Movie / Looking at an Exhibit / Watching a Demonstration / Seeing It Done on Location — 50% of what we SEE & HEAR
Participating in a Discussion / Giving a Talk — 70% of what we SAY
Doing a Dramatic Presentation / Simulating the Real Experience / Doing the Real Thing — 90% of what we SAY & DO

Passive / Active

Source: Edger Dale (1969)

---

[18] Edgar Dale : Audio visual methods in teaching（3rd ed.），New York, Holt, Rinehart, Winston, 1969, http://www.sparkinsight.com/factlets より．

学習方法により異なるとしている．たとえば，言葉による受信や視覚による受信のように受動的な学習方法の場合，2週間後，長期記憶に残っているのは10〜20%であるのに対し，ディスカッションに参加する，スピーチをする，実際に自分で体験するなど，能動的な学習方法の場合は，70〜90%に向上するとしている．この基準によると模擬交渉による学習は，能動的な学習方法の条件を満たしており，長期記憶に残りやすく，学習効果の高い方法であると言える．

次に，教育工学者であるケラー教授が提唱する学習意欲のデザインにおけるARCSモデルで見てみよう．このモデルは，以下の要素で構成されている[19]．

①注意（Attention）
　学習者の関心を獲得する．学ぶ好奇心を刺激する．
②関連性（Relevance）
　学習者の肯定的な態度に作用する個人的ニーズやゴールを満たす．
③自信（Confidence）
　学習者が成功できること，また，成功は自分たちの工夫次第であることを確信・実感するための助けをする．
④満足感（Satisfaction）
　(内的と外的) 報奨によって達成を強化する．

模擬交渉の手順をARCSモデルに当てはめて解釈してみよう．まず，学習者の関心を獲得するために，企業の実例から作られているケースであることを伝えた（注意）．次に，学習者の肯定的な態度に作用するために，同じケースを社会人の実務家が交渉していることを伝えた（関連性）．そして，感想戦で，交渉相手からのフィードバックを受け，自分の交渉の価値と問題を認識できることが，自信につながっている（自信）．さらに，全体フィードバックにおいて，他のチームの交渉との比較，講師からのフィードバックにより，満足感に至って

---

[19] J. M. ケラー：学習意欲をデザインする　ARCSモデルによるインストラクショナルデザイン，鈴木克明訳，北大路書房，2010，p. 47，表3.1 ARCSモデルの分類枠，定義，および作業質問，より抜粋．

いる（満足感）．受講生は，この学習プロセスを通じて，ARCSの動機づけモデルで学習意欲が刺激されている．

　次に，組織行動学者であるコルブ教授の経験学習の視点から見てみよう．コルブによれば，「学習とは，知識を受動的に覚えることではなく，『自らの経験から独自の知見（マイセオリー）を紡ぎだすこと』である．そして，このような学習観に基づき，コルブ教授は実践・経験・省察・概念化という4ステージからなる『経験学習モデル（experienced learning model）』を提唱している」．具体的には，以下である[20]．

①実践のステージ
　学習者は，現場において様々な状況に直面する．そして，即興的な対応策を用いながら，それらの状況を乗り越えていく．
②経験のステージ
　実践体験のなかで，学習者はその後の活動に役立つようなエピソード的経験（成功体験・失敗体験）を積んでいく．
③省察のステージ
　ただし，学習者は「自分にとって何が役立つ経験か」を抽出できていない．現場の状況に埋め込まれているからだ．そこで，実践体験を振り返り，その後の活動に役立つと思われるエピソードを抽出することが必要となる．
④概念化のステージ
　抽出したエピソードについて検討を進め，学習者はその後の活動に役立つ独自の知見（マイセオリー）を紡ぎだす．ただし，これらは普遍的な理論である必要はない．重要なのは，マイセオリーを学習者が自ら構築することにある．コルブは，上記の4つのプロセスは，マイセオリーを実践しながら，サイクルを繰り返していくと提唱している．

　交渉は，日常行為であり，学生か社会人かに拘わらず，社会生活を営む限

---

[20] 中原淳：企業内人材育成入門　人を育てる心理・教育学の基本理論を学ぶ，ダイヤモンド社，2006, pp. 83-84.

り，必ず経験する．つまり，実践のステージを経て，学習が開始される．交渉学の授業を受けにきた受講生には，2つのタイプがある．1つは，交渉が苦手と感じているタイプである．このタイプの受講生は，自分の交渉の何が問題かを知り，交渉の理論があるなら学びたいという動機で参加している．そして，交渉の理論を学び，模擬交渉でシミュレーションすることで，経験のステージに入る．そして，感想戦，全体フィードバックを通じ，省察のステージに入る．交渉に正解も不正解もない．ただし，交渉の目的に対して，成功確率の高い方法と低い方法はある．また，交渉学研究に基づく，ミッション，ゾーパ，バトナによる交渉のフレームワークのように，抽象的概念化が有効な方法論もある．彼らは，実践から，経験，省察を通して，自分の交渉について，マイセオリーを導き出した後に，実際の交渉で実践している．そして，再度，経験，省察，概念化を繰り返している．

　一方，交渉が得意であるというタイプもいる．東京大学で行われた実験授業（p.i「まえがき」参照）では，起業を目指す工学系大学院生が，起業の際に直面すると予想される問題（会社設立，資本調達，事業提携，取引先開発等）を乗り越えるために，自らの交渉力を磨きたいと受講していた．このタイプの場合は，すでに，企業や金融機関との交渉経験がある場合も多く，交渉学の理論に基づき，現在の自分の交渉を見直すとともに，さらなる能力の向上を目指していた．たとえば，授業では，より難易度の高い模擬交渉ケースへのチャレンジを試みたり，同じケースでも立場を変えて再履修したり，ティーチングアシスタントとして，講師をサポートしながら学ぶなど，継続学習により新たな知見を得ようとする傾向があった．このタイプも，感想戦，全体フィードバックを通じて，省察のステージを経て，マイセオリーを導きだし，実践，経験，省察，概念化のサイクルを繰り返している．したがって，模擬交渉による学習は，コルブの経験学習のサイクルから見ても，有効な方法論であることがわかる．

　以上，3つの代表的な学習理論に基づき，模擬交渉による学習を検証してみた．その結果，模擬交渉による学習は，学習者の意欲を刺激し，継続学習を引き出した根拠となっていることが推察される．

第2章 論理的思考に基づく，意思決定

2.1 意思決定の概念

　人間の行動に対する意思決定の理論について，著名な研究はゲーム理論と呼ばれるものである．ゲーム理論は，1944年に数学者フォン・ノイマンと経済学者モルゲンシュテルンによる『ゲーム理論と経済行動』という本がスタートだと言われている．ゲーム理論とは，次のような理論である．「ゲームとは，複数の意思決定の主体により生じる社会状況の表現である．そしてこのような状況の表現やその分析のために，新しい概念を提供して社会や人間の行動について新しい発見をもたらそうとするのが，ゲーム理論である」[1]．このゲーム理論では，問題を分解するために，マトリクスチャート，ピラミッド構造等，いろいろな手法が用いられている．その中で，問題をツリー構造で分解する方法がある．このツリー構造による論理的な問題の整理は，交渉の準備の工程において，有効な手法である．主要なツリーであるロジックツリー，イシューツリー，ディシジョンツリーは，以下である．

　ロジックツリーは，最上位にある命題（事象や方法など）を抜け漏れなく要素に分解したものである．原因分析や選択肢の整理などに使用される．一方，イシューツリーは，最上位にある論点（解決すべき問題）に対して，抜け漏れなく要素（サブ論点）に分解したものである．問題解決のための論点の整理に使われる．また，ディシジョンツリーは，意思決定の選択肢と意思決定者がコント

---

[1] 田村次朗：交渉戦略　思考プロセスと実践スキル，ダイヤモンド社，2004，p. 77．

図5 ◆ 主要なツリーの整理

	ロジックツリー	イシューツリー	ディシジョンツリー
内容	最上位にある命題（事象や方法など）を、抜け漏れなく要素に分解したもの	最上位にある論点（解決すべき課題）に対して、抜け漏れなく要素（サブ論点）に分解したもの	意思決定の選択肢と、意思決定者がコントロールできない不確定要素、意思決定に伴う最終的な結果を整理したもの
構造	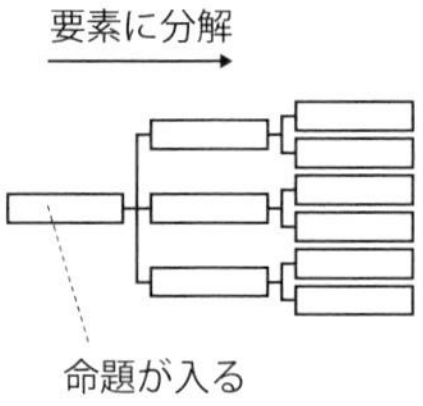 要素に分解／命題が入る	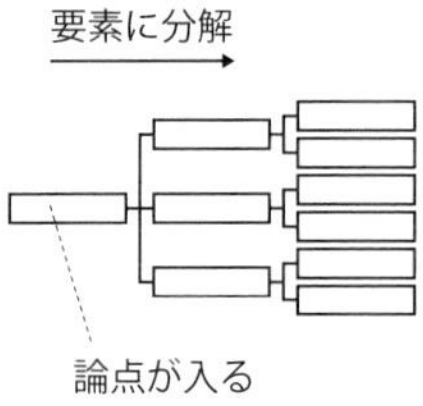 要素に分解／論点が入る	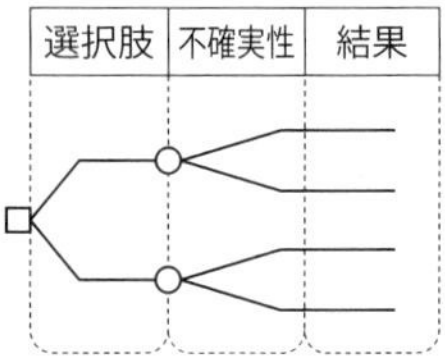 選択肢・不確実性・結果
用途	原因分析や選択肢の整理に使われる	問題解決のための論点の整理に使われる	意思決定のための選択肢の整理に使われる

ロールできない不確定要素，意思決定に伴う最終結果を整理したものである．意思決定のための選択肢の整理に使われる．

　ロジックツリーとイシューツリーは，最初に命題が入るか論点が入るかの違いで，類似したツリー構造となる．ここでは，イシューツリーの概念と具体例を紹介する（ロジックツリーの具体例は，本章図9参照）．

　イシューツリーは，論点を，サブ論点，サブサブ論点に分解し，構造化するツリーである（図6a）．これを簡単な例で考えてみよう．たとえば，「研究所長が部下の研究員にある実験を任せるべきか」という論点でイシューツリーを作成すると図6bになる．

　サブ論点としては，研究員が実験に必要な要件を備えているか（サブ論点1），逆に，彼の参加に必要な条件が満たせるか（サブ論点2），また，彼がこの実験を熱心に頑張ってくれるか（サブ論点3），という3点が考えられる．サブ論点1には，資格要件や知識・技能，サブ論点2には，報酬・時間などの準備，彼以外の賛同の必要性，サブ論点3には，彼の興味・関心との合致，実験参加による彼の利益，がサブサブ論点として想定できる．

図6a ◆ イシューツリーの概念図

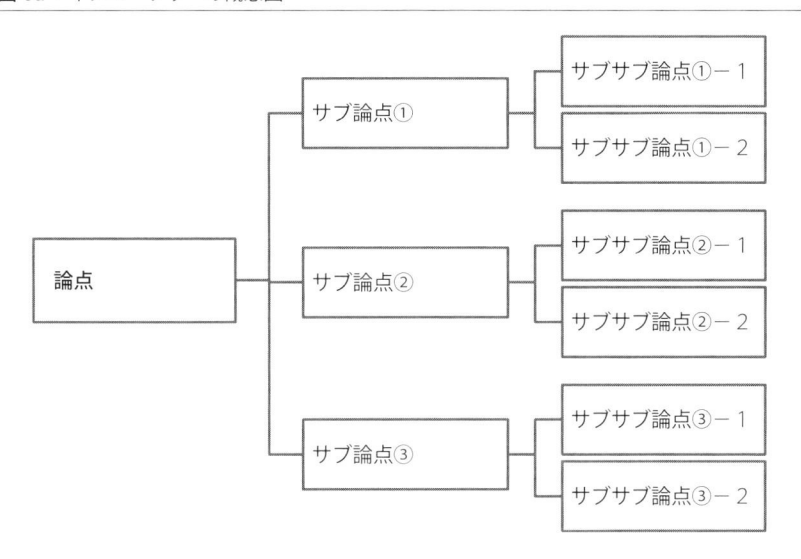

```
                                ┌── サブサブ論点①-1
            ┌── サブ論点① ──┤
            │                   └── サブサブ論点①-2
            │
            │                   ┌── サブサブ論点②-1
論点 ───────┼── サブ論点② ──┤
            │                   └── サブサブ論点②-2
            │
            │                   ┌── サブサブ論点③-1
            └── サブ論点③ ──┤
                                └── サブサブ論点③-2
```

図6b ◆ イシューツリーの具体例

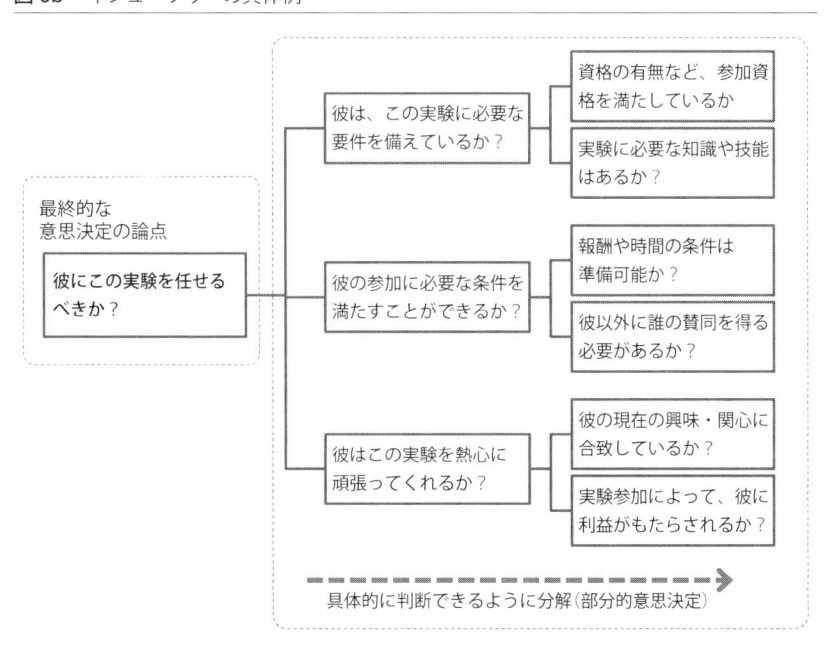

```
最終的な
意思決定の論点
                                                    ┌── 資格の有無など、参加資
                        ┌── 彼は、この実験に必要な ─┤    格を満たしているか
                        │   要件を備えているか？    └── 実験に必要な知識や技能
                        │                               はあるか
彼にこの実験を任せる  ──┤                           ┌── 報酬や時間の条件は
べきか？                │── 彼の参加に必要な条件を ─┤    準備可能か？
                        │   満たすことができるか？  └── 彼以外に誰の賛同を得る
                        │                               必要があるか？
                        │                           ┌── 彼の現在の興味・関心に
                        └── 彼はこの実験を熱心に ──┤    合致しているか？
                            頑張ってくれるか？      └── 実験参加によって、彼に
                                                        利益がもたらされるか？
```

具体的に判断できるように分解（部分的意思決定） →

第2章 論理的思考に基づく, 意思決定

次に，ディシジョンツリーの概念と具体例を紹介する．

ディシジョンツリーでは，最初に複数の選択肢が設定され，各選択肢に不確実性の要素が加わる．不確実性には，その確率を想定した数値が設定され，その数値に基づき，条件が分岐し，結果が見出される．そして，予め設定した評価基準に従い，最終的に意思決定が行われるというものである（図7a）．これも，「外出時に傘を持つか」という簡単な命題に対するディシジョンツリーを具体的に考えてみよう（図7b）．

最初に，これから外出する際に，傘を持つか，持たないかという選択肢がある．不確実性は，天気予報における降水確率を設定する．仮に，降水確率70%としよう．傘を持っていき晴天の場合は，傘が邪魔になり，雨天の場合は，雨をしのげる．一方，傘を持っていかない場合，晴天の場合は，特に問題ないが，雨天の場合は，雨に濡れてしまう，という結果が想定される．そして，雨に濡れないことを80%，邪魔でないことを20%の評価基準とすると最終的に，期待値が計算できる．以上では，降水確率70%の場合，傘を持っていくことにより得られる快適性の期待値0.80点であり，持っていかない場合

図7a ◆ ディシジョンツリーの概念図

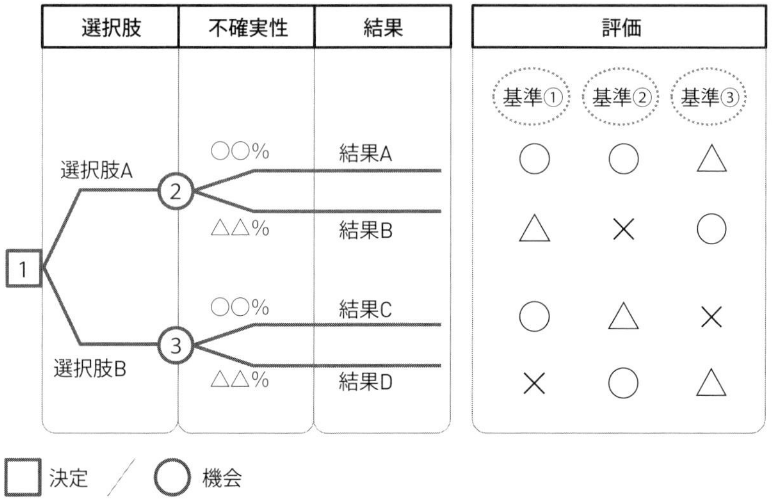

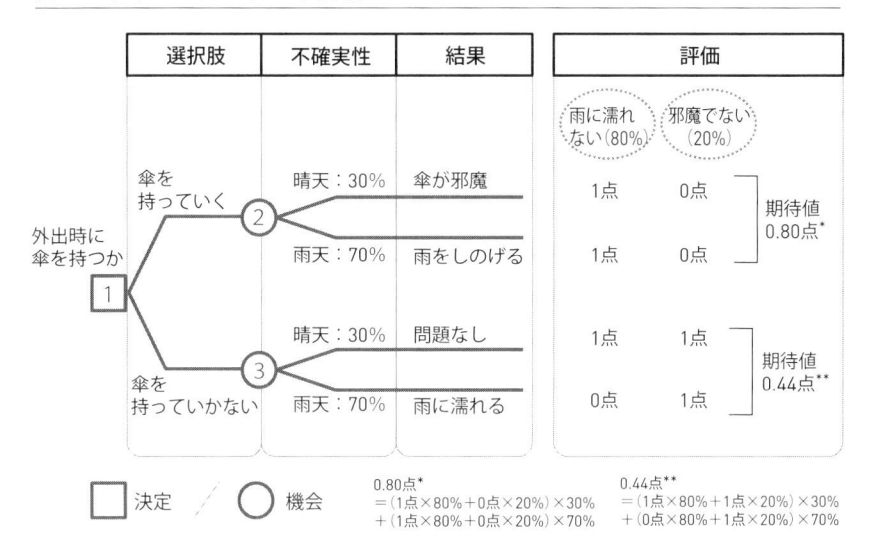

図 7b ◆ ディシジョンツリーの具体例[2]

選択肢	不確実性	結果	評価		
			雨に濡れない(80%)	邪魔でない(20%)	
傘を持っていく ②	晴天：30%	傘が邪魔	1点	0点	期待値 0.80点*
	雨天：70%	雨をしのげる	1点	0点	
傘を持っていかない ③	晴天：30%	問題なし	1点	1点	期待値 0.44点**
	雨天：70%	雨に濡れる	0点	1点	

□ 決定　　○ 機会

0.80点*
＝(1点×80％＋0点×20％)×30％
＋(1点×80％＋0点×20％)×70％

0.44点**
＝(1点×80％＋1点×20％)×30％
＋(0点×80％＋1点×20％)×70％

に得られる快適性の期待値 0.44 点を上回ることになる．したがって，快適性を重視するのであれば，傘を持っていくという意思決定をすべき，という結論になる．

それでは，このようなディシジョンツリーと交渉との関係を考えてみよう．交渉における意思決定バイアスの実験研究を行っているハーバード大学ビジネススクールのマックス・ベイザーマン教授は，交渉における意思決定を以下のように定義している[3]．

①問題を定義する
②選択肢を評価するための複数の選択肢の基準を設定する
③各基準に重み付けをほどこす

---

[2] ジョン・S. ハモンド，ラフル・L. キーニー，ハワード・ライファ：意思決定アプローチ　分析と決断，小林龍司訳，ダイヤモンド社，1999，p. 131 図 7-2，p. 135，図 7-3 に基づき作成．
[3] M. H. ベイザーマン，D. A. ムーア：行動意思決定論　バイアスの罠，長瀬勝彦訳，白桃書房，2011，p. 2-4.

④複数の選択肢を生成する
⑤各選択肢を各基準の観点から評価する．
⑥最善の選択肢を算出する

　これを交渉シーン（p.14「図1：交渉理論の概念図」参照）に合わせて考えてみよう．交渉前の準備段階では，5ステップアプローチの過程で，問題の定義から選択肢の算出が行われている．そして，準備された選択肢に基づき，シナリオが構築され，交渉がスタートする．交渉中のサイクルの段階では，交渉の原因となった対立や衝突という個々の問題に対して，伝達と発信，傾聴と質問，観察と分析に基づき，部分的意思決定が繰り返し行われる．交渉の準備段階において，イシューツリーは，問題を定義するためのツールとして，ロジックツリーは，選択肢を検討するためのツールとして，共に有効な方法論である．

　ディシジョンツリーでは，ロジックツリーを用いて，選択肢が抜けなく漏れなく設定され，不確実性の要素が数値化できれば，決定すべき意思が明確に見える．逆に言えば，ディシジョンツリーが明確であれば，想定した選択肢の範囲で相手がYESと言えば，交渉は容易に見える．しかし，本当にそうだろうか．実際の交渉は，十分に情報が完備されていない状態で発生することが多い．また，必要十分と思われる情報がすべて事前にわかっていたとしても，交渉中に新たな情報や視点が発見されることもある．そのため，交渉における意思決定においては，ディシジョンツリーの各要素に以下の視点を加味して考える必要がある．

(1) 視点1：最終的な選択肢を交渉前にどの程度まで決められるのか？

　交渉前の情報や分析により，事前に明確に想定できる選択肢を準備することは重要である．しかし，事前には想定できないが，交渉中に価値ある選択肢が見出される可能性を考えておく必要がある．交渉は，対立や衝突という問題が原因となって生じているが，その交渉相手には，秘密の情報や隠された意図（コンテキスト）がある．このコンテキストは，交渉中表現されないことが多いので，理解が難しいが，引き出す方法はある（p.82「第3章3.2.3項　コンテキストの引出し」参照）．部分的意思決定のサイクルにより，コンテキストが引き出さ

れ，事前に想定した情報と異なる情報や想定できない新しい情報が得られることも多い．そのため，事前に想定した選択肢は，交渉中に変動しうるのである．また事前に想定していないが，問題を解決するために価値のある新たな選択肢を見出すこともできる．交渉学では，交渉中に交渉相手と交渉しながら，新しく，創造的選択肢（クリエイティブ・オプション）を意図的に作り出すことを推奨し，その方法を教育している．

(2) 視点2：不確実性の要素は，事前にどの程度まで想定できるのか？

　決まっている要素もあるが決まっていない要素もある．交渉相手から引き出されたコンテキストは，不確実性の要素に影響する情報が含まれることも多い．一定率で計算できると考えていた要素に不安定要素が加わったり，想定していない条件により，計算するのが困難になる場合もある．また，コンテキストには，相手の隠された背景事情のみならず，感情的な背景が含まれることも多い．たとえば，今回の交渉とは直接関係ないが，他の同様のケースで嫌な思いがあり，その経験が影響して，冷静な判断が困難な状況になっている，というような場合である．交渉前に想定していた不確実性の要素は，交渉中に変動しうるのである．

(3) 視点3：交渉前に結果を評価する基準は，事前にどの程度決めうるのか？

　原則として，予め明確に基準を決めるべきである．なぜなら，選択肢を評価する基準は，交渉結果を導き出す最終的意思決定において，最終的な選択肢が設定したミッションを実現できるか否かを判断する基準となるからである．ただし，交渉相手から引き出したコンテキストの内容や交渉相手と新しい創造的な選択肢を生み出すプロセスにおいて，当初想定していないが，ミッションを実現するために価値のある基準を見出す可能性は残っている．したがって，この要素も交渉中に変動しうるのである．

　意思決定の構造を理解し，ディシジョンツリーなどにより論理的に準備しておくことは交渉前のプロセスとして，重要である．一方，交渉中は，コンテキストの引出しにより変動要素が加わることも意識しておく必要がある．弁護士

のような交渉のプロは，よく準備8割[4]という言い方をする．これは，交渉では準備が如何に重要かという心構えであるが，逆に言えば，どんなに論理的に仮説を立て，情報を取集し，準備を重ねても，2割程度は，想定外のことが発生し，実際に交渉してみないとわからないということでもある．本章で述べる論理的思考に基づく意思決定のための準備プロセスは，重要かつ有効であるが，人間が論理のみで意思決定しないこと（限定合理性）と交渉による変動要因があることを考慮するとすべて論理のみで事前に決まると誤解しないことが重要である．

　また，交渉では，事前に想定できないような難題に直面することは少なくない．交渉学では，その難題をも乗り越える確率を上げるための方法論が研究されている．ここでいう難題とは，「交渉の最大要因となったある協議事項について，協議を重ねた結果，不確実性の要素が増えたため，お互いの意思がどうしても合わなくなり，発生した問題」であり，その難題により交渉が頓挫した状態が，難局である．

　難局における難題を乗り越える方法として，交渉中に交渉相手とブレインストーミングを行う方法がある．ここで言うブレインストーミング（以下，ブレストという）とは，交渉中に遠慮なく，交渉者同士が自由に意見を発言し合うことにより，クリエイティブ・オプション（p.24「図3：クリエイティブ・オプションの概念図」参照）を生み出す交渉方法（以下，ブレスト型交渉という）である．交渉学研究の創始者であり，有能な弁護士としてのキャリアも持つハーバード大学フィッシャー教授は，ブレスト型交渉の目的を次のように言っている．「当面する問題を解決するために，できるだけ多くのアイディアを出し合うことにある．最も基本的なルールは，アイディアの批判や評価をすべて後に延ばすことである．そこでは，単にアイディアを出し合うだけで，良いとか悪いとか，また現実的であるとかないとか，途中で評価をさしはさむことはしない．制約するものがないとアイディアがアイディアを呼び，花火が次々とあがるように，

---

[4] 田村次朗，一色正彦，隅田浩司：ビジュアル解説　交渉学入門，日本経済新聞出版社，2010，p.61.

アイディアがどんどん打ちだされるものだ」[5]．このブレスト型交渉には，以下の3つの効用がある．

(1) 難題を乗り越えるための選択肢が増え，選択可能性が向上する

選択肢について，まずは，数が重要である．3の選択肢から1つ選ぶ場合と10の選択肢から1つ選ぶ場合は，たとえ，選択した1つがまったく同じでも，意味が異なる．まず，交渉中には，部分的意思決定サイクルにおいて，個々の協議事項（アジェンダ）について，交渉者が判断して選択する行為が繰り返される．また，協議事項は，独立しているわけではなく，他の交渉条件と複雑に組み合わさっている．交渉の要因となった対立や衝突を乗り越えるためには，数多くの選択肢が必要となる．ブレスト型交渉は，それを増やすための有効な方法である．

論理的思考法にMECE（Mutually Exclusive & Collectively Exhaustive）という概念がある．これは，「様々な概念をその関連性をとらえて分類するときに，モレなくダブリなく全体をカバーすることの重要性を説いた概念である」．また，「MECEを活用する利点は，広い視点からの偏りのない分析・状況把握を行うことができ，自己に都合の良い情報ばかりが採用される危険性を回避してくれる点にある」[6]．MECEのツールとして，ピラミッド構造による解析，フレームワークの活用，3C分析，SWOT分析などがある．ブレスト型交渉では，これらの分析手法において有益な情報が引き出され，その評価を議論することができる．そのため，選択肢の量を増やすだけでなく，質的な向上も期待できるのである．

(2) プロセスを通じて，交渉者同士が納得感を持つことができる

ブレスト型交渉で重要なのは，結果以上にプロセスである．直面している難題に対して，解決策を交渉相手と協働で考えたり，相手の意見を批判したりするのではなく，意見を聞きながら議論するプロセスである．前半で，批判や評

---

[5] ロジャー・フィッシャー，ウィリアム・ユーリー，ブルース・パットン：新版ハーバード流交渉術，金山宣夫，浅井和子訳，TBSブリタニカ，1998，p. 94
[6] 田村次朗：交渉の戦略 思考プロセスと実践スキル，ダイヤモンド社，2004，p. 53.

価を避け，発想を広げるのがブレストであるため，自由度が大きい．このプロセスでは，相手のコンテキストが引き出されやすく，隠された事実や意図が見えて可能性が高い．ブレストで議論した後，最後に，増やした選択肢を評価し，いずれかを選択する意思決定を行う．その決定要因や影響要因となる重要な情報や基準も，このプロセスで引き出される可能性が高いのである．

　人間は合理的に意思決定するとは限らず（限定合理性）また，感情による影響は少なくない．ブレストのプロセスを交渉に組み込むことは，対立や衝突を乗り越える行為を協働で行うことになる．そのため，最終的な結果に対して，交渉相手と協働で見出した成果物であるという認識が働きやすくなる．つまり，お互いに納得感を得られる可能性が高まるということである．心理学の研究にパーソナルスペースと呼ばれるものがある．民族，性別，体格で多少異なるようだが，人間同士の距離において，握手ができる距離だと言われている．この距離は，人間が個々に持つプライベートなエリアである．対立している交渉者との距離は，この基準に照らすと握手ができる距離より離れていることが多い．また，対立している状態のままこの距離を近づけた場合，相手は，違和感や敵対心を持つリスクが高まる．交渉中は，微妙な精神状態にあり，違和感や敵対心を与えるリスクは軽減するのが望ましい．

　ブレスト型交渉では，問題を共有し，一緒にアイディアを出し合うため，対立ではなく，協調の関係になりやすい．ブレスト型交渉では，選択肢をできるだけ見出し，関係性を整理するため，合意案や解決策を紙やホワイトボードなどに描きながら進める方法が推奨されている．同じ情報を見ながら書いた条件に対して交渉すると対立構造になりにくく，また，ホワイトボードなどに一緒に描きだす行為は，自然な形でパーソナルスペースの中にお互いが存在することになり，より交渉者間の親和性が高まる．

　また，すべての交渉は，交渉結果を誰かに説明する責任（説明責任）がある．たとえば，会社の最高責任者である社長が，自ら交渉に赴き，ある会社との事業提携を決めたとしよう．決定権者である社長だが，会社の代表である限り，出資者，取引先，従業員などの利害関係者（ステークホルダー）を持っている．そのため，会社の経営に影響する重要な意思決定の結果は，ステークホルダーに説明する責任がある．その際，交渉において，あらゆる可能性を模索したプ

ロセスの結果，選択したという条件は，交渉者本人にとっての納得感とともに，説明責任の対象者に対する納得感を導き出す可能性が高いと言える．

(3) プロセスを通じて，選択肢の実現可能性が高まる

また，このプロセスは，最後に選ばれた選択肢の実現可能性も高めている．交渉中の論理的な展開に，二分法と呼ばれるものがある．二分法とは，「すべての物事を白か黒か，善か悪か，あるいは正しいか間違っているかという2つの大きなカテゴリーに当てはめて結論を導き出す思考方法である．二分法は，結論が単純明快でわかりやすい一方で，物事をすべて単純に2つに分類してしまうため，はじめに設定した2つのカテゴリー以外の選択肢を模索する余地をなくし，強引な結論を導きやすいとう欠点がある．このような性質から二分法は，場合によっては，誰にとっても望ましくない結論を導き出してしまうことがある」[7]．交渉の結果が望ましくない結論であることも少なくない．二分法により十分な選択肢も検討せず，さらに，望ましくない結論であった場合，交渉者はその合意内容を実現することに躊躇する．合意の実現を遅らせたり，さらには，合意に違反する可能性もある．

ブレスト型交渉により，十分に議論された後，選択された結論は，二分法により選択された結論と比較して，実現可能性が高いと言える．Win-Winというキーワードがある．これは，交渉学研究から導き出されたものである．双方が価値ある状態を継続できる関係である．ブレスト型交渉は，交渉により問題を解決するとともに，Win-Win関係になる可能性を高める方法でもある．

フィッシャー教授は，ブレスト型交渉について，「関係者全員の利害を考慮に入れたアイディアを生み，共同で問題を解決しようという気運を生じさせ，またお互いに相手の利害を知るという極めて大きな利点がある」と言っている．そのうえで，効果的なブレスト型交渉のために，以下の方法を推奨している[8]．

---

[7] 田村次朗：交渉の戦略 思考プロセスと実践スキル，ダイヤモンド社，2004，p.7．
[8] ロジャー・フィッシャー，ウィリアム・ユーリー，ブルース・パットン：新版ハーバード流交渉術，金山宣夫，浅井和子訳，TBSブリタニカ，1998，pp.94-97．

（1）立案と決定の分離を前提とする

　ブレスト型交渉では，まず，アイディアを多く出すことが重要であり，そのアイディアの批判や評価は，すべて最後に行うのが基本である．アイディアを出すたびに，批判や評価を行っていては，選択肢は広がらず，ブレスト型交渉は進まない．もちろん，アイディアを評価し，決定するプロセスは必要である．しかし，ここでは，立案のプロセスと決定のプロセスを分離することが重要である．ブレスト型交渉の最初に，結論ありきや批判や評価は最後にまとめて行い決定することを，グランドルールとすることが重要である．

（2）ブレスト型交渉のガイドライン

　ブレスト型交渉を進めるために決まった方法があるわけではなく，むしろ臨機応変に進めるべきである．ただし，次のようなガイドラインで進行すると効果的に進めやすい．

①ブレスト前の心得
　・目的を明らかにする
　・参加者を厳選する
　・環境を変える
　・打ち解けた雰囲気をつくる
　・司会者を選ぶ

②ブレスト中の心得
　・横並びに座って問題に取り組む
　・批判禁止を含む基本ルールを明確にする
　・とにかく考えをどんどん出す
　・思いついたアイディアを一覧表にする

③ブレスト後の心得
　・最も可能性のあるアイディアに印をつける
　・見込みのあるアイディアに改良を加える
　・アイディアをじっくり評価してから決定する

　なお，グランドルールがあっても，自分に不利な発言をしてしまうこと，秘

密情報を不注意に漏らしてしまうリスクもあることも指摘されている．これらの点には，注意が必要である．

2.2 交渉シーンと理論解説

それでは，論理的思考に基づく意思決定の方法論について，具体的な交渉シーンの事例に基づき，理論を解説しよう．

2.2.1 マップ化

【交渉シーン①】

フリーマーケットの一角で行われる1対1の交渉シーン．ある美術愛好家が，掘り出し物の美術品を探すために，フリーマーケットを訪れた．そのとき，学生らしき若者が販売している1枚の風景画が目に留まった．興味を持ってその若者に話しかけてみると，その学生は，現在，有名美術大学に通っており，その絵も自分が描いたものだという．そして，美術愛好家（買主）と学生（売主）の間で，風景画の交渉が始まった．

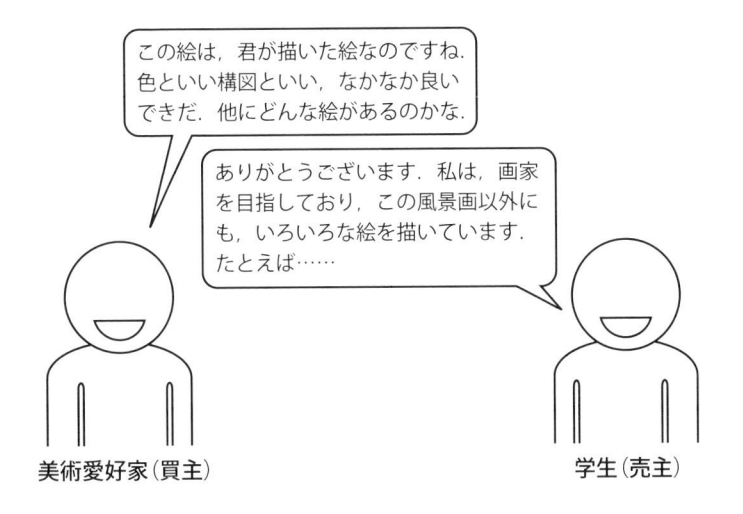

美術愛好家（買主）：「この絵は，君が描いた絵なのですね．色といい構図といい，なかなか良いできだ．他にどんな絵があるのかな．」

学生（売主）：「ありがとうございます．私は，画家を目指しており，この風景画以外にも，いろいろな絵を描いています．たとえば……」

図8a ◆ マップサンプル（ステップ1）

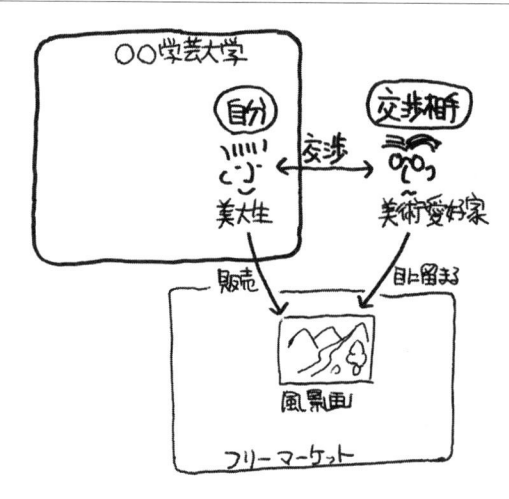

マップ化には，①視点（どの位置に中心を置くか），②視野（その中心からどの方向をみるか），③視座（何を軸に考えるか）の3つが重要である．まず，最初に自分の位置を決め，そこを中心に，交渉当事者間の関係性を描いてみよう．

　この交渉シーンにおいて，あなたは売主の学生だとしよう．あなたは，卒業制作で新しい描画手法にチャレンジしたいと考えている．しかし，その手法には高価な鉱物が必要で，材料費がかなり高い．そのため，少しでもその足しにと思って，描き溜めていた風景画を持って，フリーマーケットに来た．フリーマーケットには，掘り出し物を探す美術愛好家がよく訪れると聞いており，高く買ってくれないかと期待している．ただし，画商や目利きと称する似非専門家も多く，作品の価値を理解せず，安く買いたたき，転売するために来ている買主も多いと聞いており，不安もある．あなたなら，この場合，交渉前にどのように相関関係を整理して，状況を把握するだろうか．

【解説】
　交渉前の状況把握には，いくつかの方法がある．1つは，交渉マトリクス整理[9]や英国の教育者トニー・ブザンが開発した創造的な思考技術「マインド

[9] 田村次朗他『ビジュアル解説交渉学入門』，日本経済新聞出版社，2010，pp.63-71.

マップ」[10] がある．ここでは，英国国立ランカスター大学ピーター・チェックランド名誉教授が開発した「リッチ・ピクチャー」[11] を用いて，マップ化の方法論について，説明しよう．マップ化による状況把握には，以下の効用が期待できる．

①バードアイ（p.122，コラム⑦参照）の視点を持てる
　発生している問題の全体像と問題の原因となっている問題のポイントを俯瞰して把握し，問題を正確に認識して，定義することができる．
②論理的思考のツールになる
　発生している問題に関連する情報の相関関係を整理するとともに，論理的な思考法を用いて，必要な情報や知識を増やすことができる．

図8b ◆ マップサンプル（ステップ2）

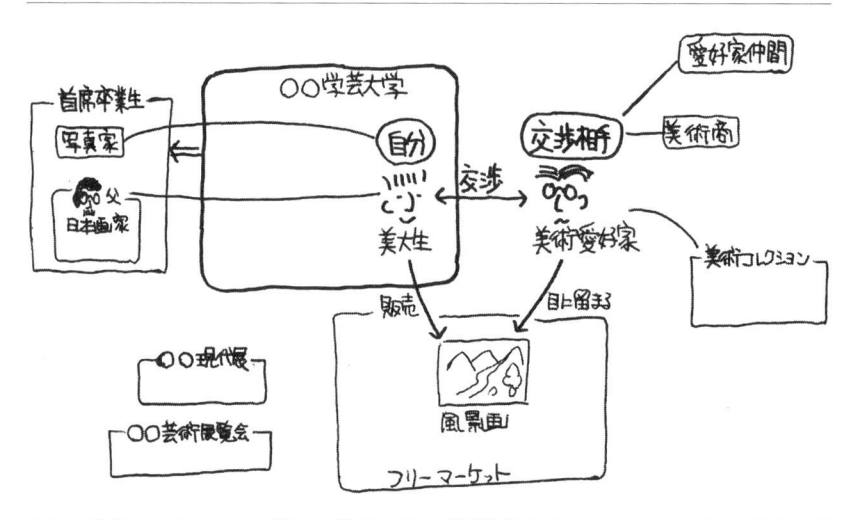

次に，自分を中心にして，周りに関係の深い利害関係者（ステークホルダー：株主，顧客，従業員，取引先，債権者，地域社会，行政機関等）を描きこんでいく．交渉当事者の背景に何があるか（コンテキスト）を仮説立てておくとよい．この段階でわからない点も，空白の箱に「？」と描きこんでおくだけでも，頭の整理になる．

10) トニー・ブザン他，『ザ・マインドマップ』，神田昌典訳，ダイヤモンド社，2005．
11) ピーター・チェックランド他，『ソフト・システムズ方法論』，妹尾監一郎訳，有斐閣，1994．

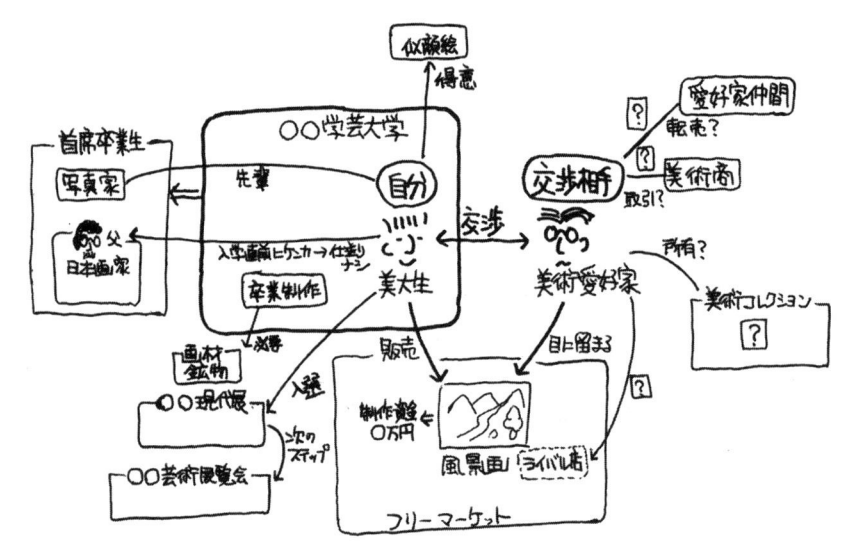

図 8c ◆ マップサンプル（ステップ 3）

関係者に関する情報を，この段階でわかる範囲で記載する．空欄の箱「？」には，予想した内容を描きこんでもよい．情報には，いくつかの種類があるが，①事実（ただし，証拠があり証明できる情報と証明できない情報），②推定・推論（事実が証明できるわけではないが，一定の根拠があり，筋の通る説明ができる情報），③希望・思い（証拠や根拠はないが，こうあってほしい，これを望むという情報）は，色を分けるなど，わかりやすくしておくとなおよい．

③交渉シナリオ作成のツールになる

　交渉前に必要な状況を整理して，論理的に考え，自分の交渉シナリオを効果的に立案することができる．

　それでは，具体的なサンプルを見ながら，3 ステップで作成方法を考えてみよう（図 8a〜d）．このマップは，著者の一色が，大学院の授業で行った模擬交渉用ケース教材から，理系出身の交渉学の受講者で，現在は講師でもある竹本和広氏（たかお IP ワークス代表，金沢工業大学大学院知的創造システム専攻非常勤講師）が作成したものである．

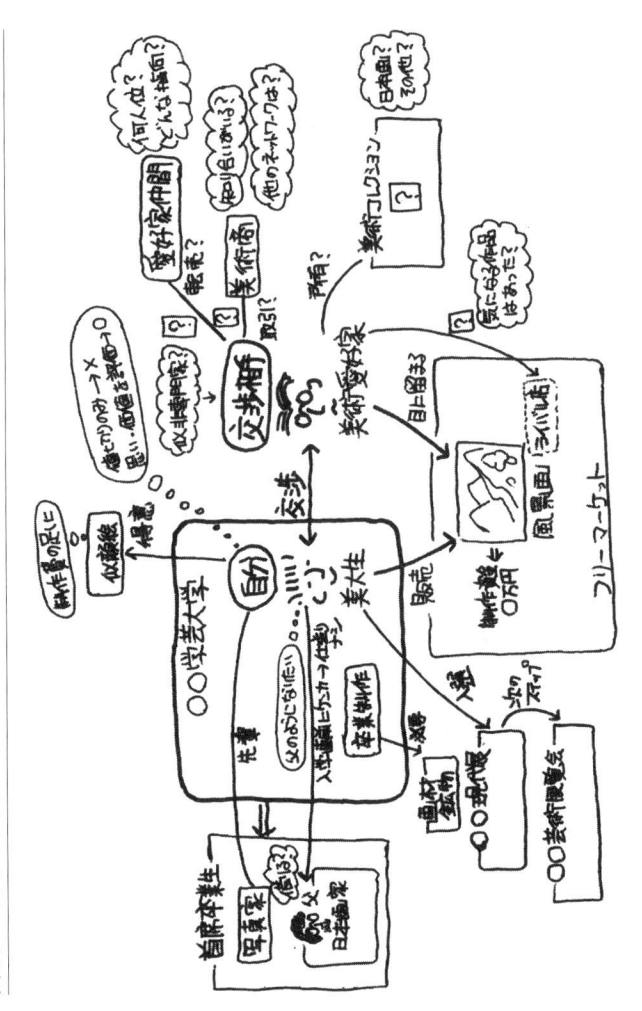

図 8d ◆ マップサンプル（ステップ 3）

図 8c と同様.

第 2 章 論理的思考に基づく，意思決定

2.2.2　仮説思考

【交渉シーン②】

　ある研究所で行われている1対1の交渉シーン．研究員Aは，自分が使いたい共焦点顕微鏡の使用予約が2週間先まで一杯のため困っていた．そこで，その顕微鏡を明日，終日予約している同僚の研究員Bのところに行き，使用時間を分けてくれるように頼んだ．しかし，研究員Bに，あっさりと断られてしまった[12]．

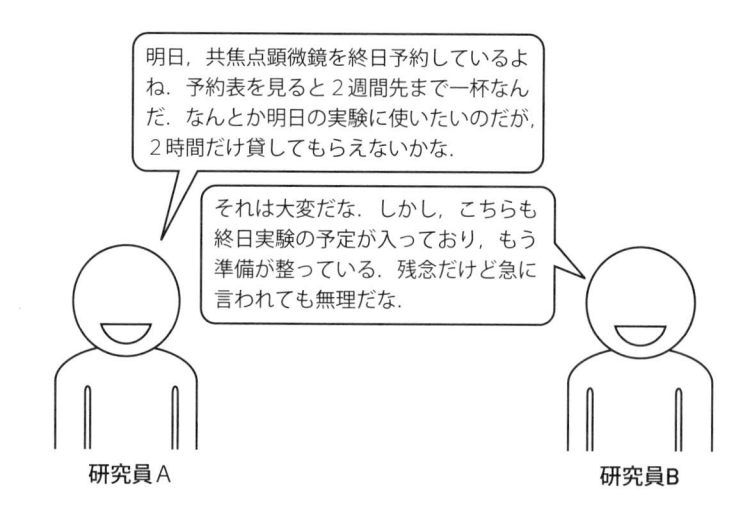

研究員A：明日，共焦点顕微鏡を終日予約しているよね．予約表を見ると2週間先まで一杯なんだ．なんとか明日の実験に使いたいのだが，2時間だけ貸してもらえないかな．

研究員B：それは大変だな．しかし，こちらも終日実験の予定が入っており，もう準備が整っている．残念だけど急に言われても無理だな．

　この交渉シーンにおいて，あなたは研究員Aとしよう．あなたは，同僚の研究員Bと交渉して，なんとか共焦点顕微鏡の使用時間を分けてもらいたいと考えている．「同僚が断った理由」という命題について，ロジックツリーを用いて原因を分解し，選択肢を検討してみよう．

---

[12]　カール・M. コーエン，スザンヌ・L. コーエン，：ラボ・ダイナミクス　理系人間のためのコミュニケーションスキル，浜口道成監訳，メディカル・サイエンス・インターナショナル，2007，p. 10 に基づき，作成．

図9 ◆ ロジックツリーの具体例

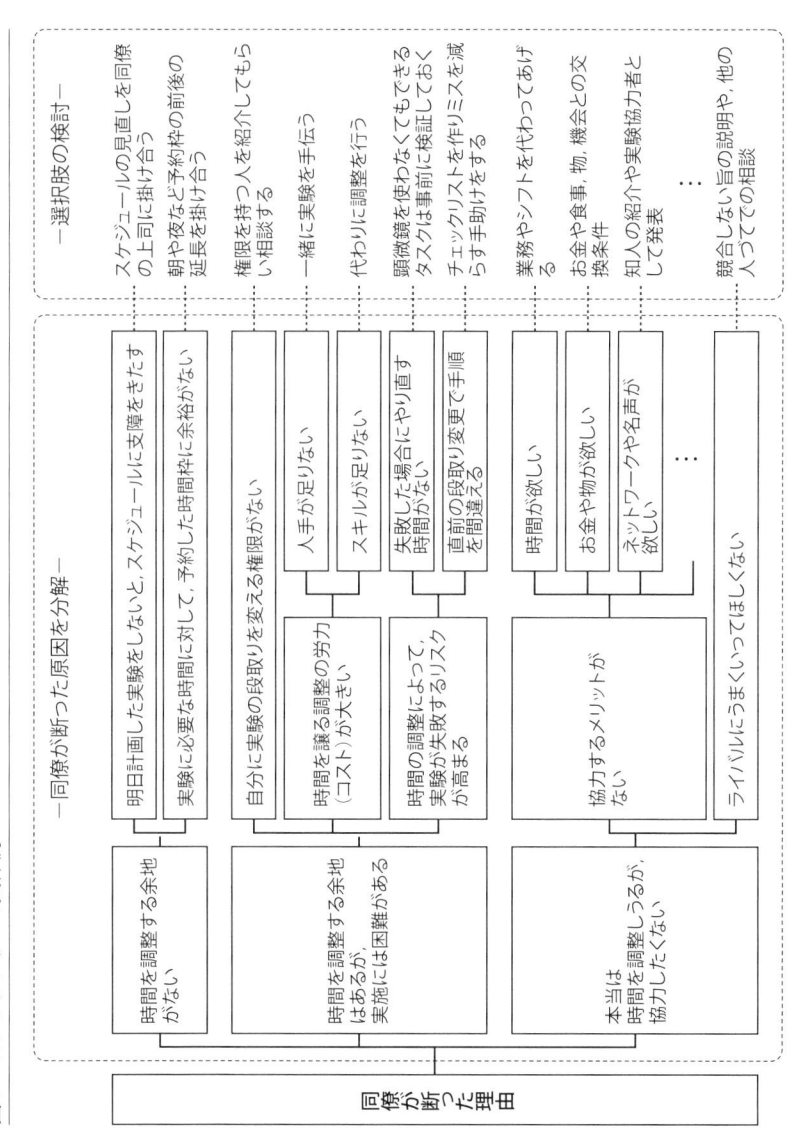

```
                                            ─同僚が断った原因を分解─                          ─選択肢の検討─

                                    ┌─ 明日計画した実験をしないと、スケジュールに支障をきたす ─── スケジュールの見直しを同僚
                                    │                                                           の上司に掛け合う
             ┌ 時間を調整する余地 ──┤
             │  がない              └─ 実験に必要な時間に対して、予約した時間枠に余裕がない ─── 朝や夜などど予約枠の前後の
             │                                                                                  延長を掛け合う
             │
             │                      ┌─ 自分に実験の段取りを変える権限がない ─────────────── 権限を持つ人を紹介してもら
             │                      │                                                           い相談する
             │                      │                              ┌─ 人手が足りない ────── 一緒に実験を手伝う
             │                      │  時間を譲る調整の労力        │
             │ 時間を調整する余地 ──┤ （コスト）が大きい ──────────┤
             │ はあるが、実施には   │                              └─ スキルが足りない ──── 代わりに調整を行う
 同僚が       │ 困難がある           │
 断った ──────┤                      │                              ┌─ 失敗した場合にやり直す  顕微鏡を使わなくてもできる
 理由         │                      │  時間の調整によって、        │  時間がない             タスクは事前に検証しておく
             │                      │  実験が失敗するリスク ────── ┤
             │                      └  が高まる                    └─ 直前の段取り変更で手順  チェックリストを作りミスを減
             │                                                         を間違える             らす手助けをする
             │
             │                      ┌─ 時間が欲しい ─────────────────────────────────── 業務やシフトを代わってあげ
             │                      │                                                          る
             │                      │
             │ 本当は               │  お金や食べ物が欲しい ────────────────────────────── お金や食事、機会との交
             │ 時間を調整しうるが、 │                                                          換条件
             └ 協力したくない ──────┤
                                    │  ネットワークや名声が ────────────────────────────── 知人の紹介や実験協力者と
                                    │  欲しい                                                  して発表
                                    │                     ...
                                    │
                                    └─ ライバルにうまくいってほしくない ────────────────── 競合しない旨の説明や、他の
                                                                                                 人つてでの相談
```

第2章 論理的思考に基づく，意思決定

【解説】

　同僚の研究員 B が断った理由として，①余地がない（仮説 1），②余地があるが，困難である（仮説 2），③余地があるが，意思がない（仮説 3），の 3 つ仮説が考えられる．仮説 1 には，具体的な支障がある，または，余裕がないという要因が考えられる．仮説 2 には，労力やリスクの要因が考えられる．仮説 3 には，メリットやライバル意識という要因が考えらえる．このように要因を分解しながら考えるとそれぞれの要因に対して有効と思われる選択肢が少なくとも 10 個以上，数多く検討できる．このように仮説思考により，有効な選択肢を論理的に考えて，設定することができる．

2.2.3　選択肢の拡張

【交渉シーン③】

　1 対 1 の交渉シーン．両者が，交渉の協議項目（アジェンダ）に対して，それぞれの意思を伝達し，意見を発信し，傾聴と質問を経て，観察と分析による部分的意思決定サイクルを繰り返そうとしている．ところが，交渉の最大要因となったある難題について，お互いの意思がどうしても合わず，交渉が頓挫した．

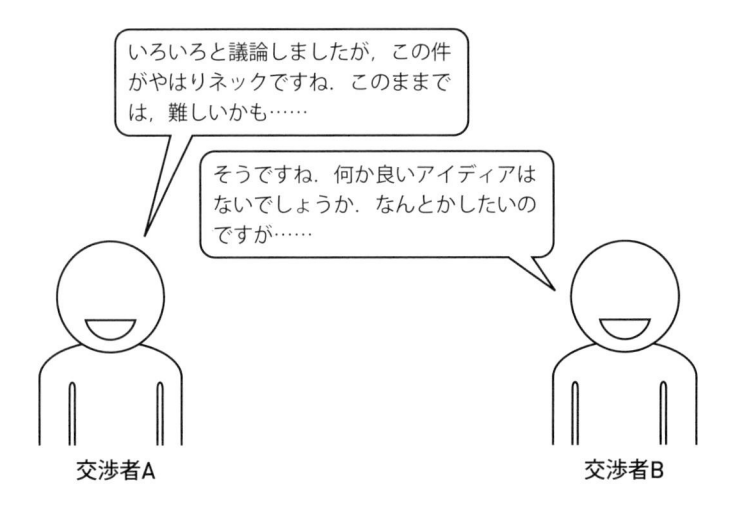

> 交渉者A:「いろいろと議論しましたが，この件がやはりネックですね．このままでは，難しいかも……」
>
> 交渉者B:「そうですね．何か良いアイディアはないでしょうか．なんとかしたいのですが……」

この交渉シーンにおいて，あなたが交渉者Ａとしよう．あなたは，難題を乗り越える可能性を高めるために，創造的な選択肢を作り出すブレスト型交渉に持ち込みたいと考えている．この場合，この場面から，どのように交渉を進めたらよいだろうか．

【解説】
　ブレスト型交渉には，すべきこと（Do's）とすべきでないこと（Don'ts）がある．具体的には，以下である．

・ブレスト型交渉の Do's & Don'ts
　①アイディアの批判と評価を混在すると，選択肢の質，量ともに広がらない．批判と評価は必要だが，最後に行うことを最初に決め，ブレストの途中には混在させない．
　②口頭の議論だけでは，論点が拡散し，また，論点が混乱してしまう．そのため，ホワイトボードや紙などに論点を整理するなど，描きながら議論する．
　③最後に取りうる選択肢を決める際は，軸（優先順位，時間，関係性等）を決めて比較して，選択肢を評価し，決定する．

　ブレスト型交渉は，選択肢を増やし，新たな選択肢を生み出す有効な方法である．また，コンテキストを引き出すためにも，有効な場面となる．一方，方法を誤ると逆に相手との感情的な対立を生み出してしまう可能性がある．また，議論が拡散し，論点が定まらなくなるリスクもある．フィッシャーは，その著書で，「選択肢を挙げることから『責任引き受け』に移行するには，具体的にどのようにすればよいのか？」について，次の方法を推奨している[13]．

　　①終結についても最初から考えておくこと

---

13) ロジャー・フィッシャー，ウィリアム・ユーリー，ブルース・パットン：新版ハーバード流交渉術，金山宣夫，浅井和子訳，TBSブリタニカ，1998，pp. 260-267．

②雛形契約書を作成しておくこと
③「責任引き受け」への移行は漸次進めること
④利害はとことん追求し，特定の解決法にはこだわらないこと
⑤ときには提案をしてみること
⑥最後には寛容さを示すこと

　なお，雛形契約書は，ビジネス交渉においてよく用いられる，取引のタイプに応じて自社が望む条件をフォーマットにしている契約書である．会社間のビジネス交渉の場合でなくても，事前に，最終的合意の輪郭を描いて準備しておくことは，ブレストの最後に選択肢を絞り込むときに有効である．

　それでは，このシーンにおいて，ブレスト型交渉に円滑に持ち込むにはどうしたらよいだろうか．突然，交渉相手に「ブレストしましょう！」と言っても違和感がある．まずは，現在，重要だが難しい問題に直面しているが，これを何とか乗り越えたいと思っていることを伝える（認識の共有）．そのうえで，どのような可能性（もしくは選択肢と言ってもよい）があるかを，一緒に考えたいというメッセージを出す（目的の明示）．そして，ホワイトボードなどに描きながら，選択肢を広げる．その際に，重要なことは，批判と評価を最後に行うこと（グランドルールの明確化）である．最初に，アイディアを出してから，最後に評価したい旨を伝えること，また，途中で批判的な議論になった場合，後でまとめて評価したいと再度伝え，どうしても円滑に進まない場合は，一度，ブレイク（休息）を入れるとよい．

　ブレスト型交渉は有効な方法だが，プロセスが重要であり，円滑な運用をするための方法を複数準備しておくことが必要である．

2.2.4　質問の設計

【交渉シーン④】
　1対1の交渉シーン．交渉相手とは初対面だ．そのため，聞きたいことは山ほどある．事前に10個の質問を準備し，交渉相手からすべて聞いてから，自分の条件を発言したいと考えたあなたは，以下のように切り出した．

この交渉シーンにおいて，あなたは交渉者Aとしよう．初対面でいろいろと聞きたいあなたは，矢継ぎ早に質問したが，相手がたじろぎ質問に答えてもらえなかった．この質問方法のどこに問題があるのだろうか．また，相手が答えやすくなるような質問の設計方法はあるのだろうか．

> 初めまして○○です．早速ですが，いろいろとお聞きしたいことがあります．まず最初に，今回の件ですが，元々□□する必要があるのでしょうか．また，本当に△△できるのでしょうか？あっ，それから，○△は必ず必要なのでしょうか？

> ………
> （いきなりの矢継ぎ早の質問にたじろぐ）

交渉者A　　　　　　　　　　　　交渉者B

【解説】
　質問は重要だが，思いついたままに聞くのではなく，事前に十分に質問すべき項目，質問する順番，質問の表現を設計し，準備しておく必要がある．つまり，回答を予測し，相手の反応を考慮したうえでの設計が必要であり，思うままに聞く質問では，必要な答えを得られる可能性は低いのである．質問方法を誤ると交渉を頓挫させるだけではなく，逆に，交渉による問題解決が困難になる場合もある．質問の設計においても，すべきこと（Do's）とすべきでないこと（Don'ts）がある．具体的には，以下である．

・質問設計の Do's & Don'ts
　①最初からイエス，ノーを問う質問は，相手を追い込み，必要な情報を得られにくい．そのため，「5W1H（いつ，どこで，だれが，何を，どのように）を問う質問」が有効である．

②質問方法を誤ると期待効果が得られない．質問者の想定内の回答を期待する場合は，「クローズド・クエッション」を用い，スムーズなコミュニケーションとコンテキストの引出しには，相手が自由に話を展開できる「オープン・クエッション」を用いる．

③一方的，かつ，連続して質問のみを続けると，相手は質問者に不信感を持ちやすく危険である．コミュニケーションは，双方向行為であり，自分の話をしながら，相手にも質問し，相手からの質問にも答えるインタラクティブな方法が有効である．

以上の事例は，事前に質問を考えていたことは良かったが，質問の設計がなく期待した回答を得られないケースである．ビジネスコーチのジム・キャンプ氏は，その著書で，「5W1Hを問う質問」の有効性にについて，「『5W1H』型の質問には，相手の世界を映し出すテレビのスイッチをつける働きがある．と同時に，相手が自らのビジョンをはっきりさせ，明確な絵を描くことも助ける．つまり，『5W1H』型の質問は，双方が同じ絵を見られるようにするのだ．これは，交渉が前に進むために欠かせないプロセスだ」[14]と述べている．また，弁護士の谷原誠氏は，その著書で，「相手の意思で自由に話をしてほしいときには，『オープン・クエッション』，こちらが聞きたいことだけを話してほしいときは『クローズド・クエッション』」[15]とし，目的に合わせて使い分けることを推奨している．

したがって，質問の設計は，まず，論理的思考に基づき，質問すべき項目を抽出し，次に，質問すべき順番を決め，最後に，具体的に質問する方法を決める，以上の3ステップで行う方法が有効である．

---

[14] ジム・キャンプ：交渉は「ノー！」から始めよ，ダイヤモンド社，2003，p. 80.
[15] 谷原誠：するどい「質問力」，三笠書房，2008，p. 24.

2.2.5　シナリオ化

【交渉シーン⑤】
　交渉シーン①のフリーマーケットの美術愛好家と学生の交渉について，論理的に考えて，創造力を使いながら，交渉のシナリオを具体的に作ってみよう．ある交渉学の学習者が作成したサンプルは，以下である．

・交渉シナリオ
1. 交渉シーン：フリーマーケットでの1対1の売買取引交渉
2. 立場　　　：美大生
3. シナリオ

　5ステップアプローチに基づき，準備してみよう．

ステップ1：状況を把握する
　交渉に至る背景，交渉者と交渉相手との関係など，交渉に関連して現在わかっていること，わかっていないことを整理する．
　（詳細は，マップサンプル1〜3：図8a〜d参照）

ステップ2：ミッション（今回の交渉の目的）を設定する
　次に，ミッションを設定する．次のミッションを設定したとしよう．

　「画家として恥ずかしくない接し方をしながら，父を超える成功への第一歩にむけた卒業制作の，材料費を調達する．」

ステップ3：目標を設定する
　次に，ミッションを実現するために，幅のある具体的な目標を設定する．ゾーパの具体例は，以下である．
　「最高の目標」
　以下の2つの項目が達成されることを目指す．
　　①自分の作品を評価してもらったうえで，卒業制作の材料が手に入れられるようにする．
　　②今後の継続的な関係を目指して，将来必要な資金源や人的ネットワーク

を紹介してもらうための具体的なアクションが確約される．

「最低の目標」

少なくとも以下の目標が達成されることを目指す．

　①予定していた風景画に限定せず，相手に価値を感じてもらえる方法を選びながら，最低でも1万円を確保し，材料費の足しにする．

ステップ4：選択肢を検討する

各目標を実現できる選択肢として，以下を考える．

「最高の目標①」

10万円で絵を購入してもらう，愛好家仲間に自分の絵を10万円分売ってもらう，材料の鉱物が安く手に入る店を紹介してもらう，自分の目当ての鉱物を持っている画家を知っていたら分けてもらう等．

「最高の目標②」

今回の作品を評価してもらい，自分の他の作品を見てもらう機会が約束される，または，愛好家仲間に自分の絵を見てもらう場を設定してもらう，自分の絵を展示してくれるギャラリーを見つけてもらう等．

「最低の目標」

風景画を評価してくれる人であれば1万円を下限として販売する．絵を評価していないようであれば，その本人や家族・友人の似顔絵を描いてお金をもらう．

ステップ5：代替選択肢の検討

今回の交渉で合意できなかった場合の代替策として，以下のいずれかの条件をバトナとする．

　①風景画ではなく，似顔絵を描いて売る．
　②この相手に何も売らずに，他に興味を持つ人が現れるのを待つ．
　③当日売れなかったら，フリーマーケット（フリマ）での制作費調達は諦め，短期のバイトを行い，材料費を確保する．
　④今回合意できなくとも，この交渉相手が自分に協力してくれる余地があるのであれば，連絡先を聞いて，こちらから連絡をできる状態を確保する．

次に，相手のコンテキストを引き出すために，相手について知りたい質問項目を整理する．
①この人はどういう人なのか？
　—普段何をしているのか？　仕事は何か？
　—どの辺に住んでいるのか？　その理由は？
　—趣味は何か？　休日に何をしているか？
②絵画に対して，どういう感性を持った人か？
　—絵や美術品を見る機会はあるか？　あるとすると，好きなジャンルは何か？
　—過去に絵画を購入したことはあるか？　どのようなものを，どれくらい購入したか？
　—買った絵はどうしているのか？
③先々で自分の夢と結びつくポテンシャルはあるか？
　—愛好家のネットワークの広さと深さは？
　—画材やギャラリー関連の関わりや交流の深さは？
　—自分が独立した後，生計を立てられない期間に仕事を回してくれるポテンシャルは？
　—自分が画家として修業をするための，師匠候補との結びつきは？
　—公募展で入選した後で，世間で拡げていく段階で協力してくれる余地は？
④今回の風景画に関わる評価は？
　—フリマでの購入歴と判断基準は？
　—今回フリマに来た目的は？
　—自分の風景画への評価は？　価値や感想は？
　—今回の予算は？　他に買いたいものはあったか？
⑤バトナの余地
　—何時くらいまで客は来るものか？
　—家族や友人に似顔絵などの風景画以外の絵を欲しがる人はいないか？

以上の整理をしてみると，この相手がどういう人で，自分の絵をなぜ買いたいかが理解できないため，売ってよい相手かわからないことがわかった．その

ため，相手の考え方を知ることに多くの時間を使う交渉を行うべきだと考えて，交渉の序盤から終盤までのステージでの交渉の進め方と気を付けるポイントを整理している．その交渉シナリオは，以下である．

（1）序盤から中盤

①フリマに来るのが初めてなので教えてください，という態度で，価格だけのやり取りではなく，会話が続くやり取りにもっていく．
　〈チェックポイント〉
　　・相手はフリマでの会話に時間を割きたくない可能性もあるので，自分の将来の夢とそのための努力を初めに伝えて，意味を理解してもらう．
　　・序盤に値段の話になると値段の駆け引きに終始してしまうので，値段を聞かれたら，材料費に困っている背景と必要な額を伝えるにとどめ，積極的な言及を避ける．
　　・相手が自分の絵に興味をもって質問してきたら，うまく話を続ける．

②相手の普段の情報や，美術愛好家としての情報をできるだけ引き出す．
　〈チェックポイント〉
　　・嘘を言われてもわからないので，具体的な事実が出るまで緩急をつけて聞く．
　　・この相手個人の，将来のポテンシャルを理解するように努める．

③相手の交流関係の話題が出たら，それを切っ掛けに人脈を紹介してもらえるポテンシャルを見出せる会話にシフトする．
　〈チェックポイント〉
　　・個別に質問攻めすると相手も不快に感じるので，相手の反応を見て，興味があるテーマを探る．

④こちらからは，画家として成功したい思いや，本当に理解してくれる人に売りたいという意思を繰り返し伝える．

〈チェックポイント〉
- 質問ばかりせず，自分の思いや考えも話し，インタラクティブな会話をする．

(2) 中盤から終盤
① 今回のフリーマーケットに来た目的と風景画に関する意見や興味を聞く．
〈チェックポイント〉
- 相手の話題次第では，前半に話す可能性も留保しておく．

② 本当に買いたいと思っている相手であれば，値段は柔軟に対応してもよいが，その場合は，卒業制作の材料費をどうするかという話を，相手の知恵も借りながら議論を進める．
〈チェックポイント〉
- 材料の鉱物が手に入るなら値引いてもよいが，後日連絡がつかなくても困るので，無償提供は行わない．
- 相手の仕事やネットワークを絡めて，協働で解決策を探すように努める．たとえば，作品を購入してもらってお金にする方法，材料やアトリエとかで自分が制作に必要な原価を下げる方法，自分の夢を理解してもらったうえで美術関係のバイトや単価の高い仕事の斡旋をしてもらう方法に繋げるなど．
- 風景画を提供することが危険な相手であると判断したら，風景画以外の話題にするなど，他の選択肢にむけた提案と議論を進める．

(3) 終盤
① 交渉した条件や取り組みを整理したうえで，最終意思決定を行う．
〈チェックポイント〉
- 合意可能な条件まで詰まれば，条件を確定させる．
- 不合意の場合でも，再度会う価値があると思えば，再会の日取りを決めて，連絡先を交換する．
- 不合意のうえ，再度会う価値がないと判断すれば，バトナを選択する．

【解説】

　この交渉シナリオは，5ステップアプローチで設定したミッション，ゾーパ，バトナを骨格にしている．そのうえで，序盤から中盤，終盤と交渉の進行に合わせて，シーンを想起し，筋立てを考えている．このようにストーリー性を持たせると自分の中に交渉シナリオが整理しやすくなる．また，気を付けるべきポイントや注意事項は，チェックポイントとして，シーンごとに箇条書きにしておくと交渉中に忘れないためのリマインダーとなり，効果的である．

　作成した交渉シナリオや交渉の状況や結果をレビューする方法はあるのだろうか．ハーバード・ネゴシエーション・プロジェクト（HNP）では，医師が患者を診断するように，交渉の基礎として，次の7つの要素に対して，交渉をレビューするために，診断するための質問を設定している[16]．

①要素1　関係
　交渉者は，お互いをどのように考え，どのように感じているのだろうか？
②要素2　コミュニケーション
　意思疎通が乏しかったり，欺瞞的だったり，一方通行だったりしていないか？　交渉者は互いに何をすべきか指図をしていないか？
③要素3　関心利益
　交渉者は，自分の本当の関心利益を隠しつつ，相手に要求し，自分の立場のみを述べていないか？
④要素4　オプション
　交渉が，勝ちか負けかのゼロサム・ゲームになってしまっていないか？
⑤要素5　正当性
　公正であることをまったく気にしていないのではないか？　何をする，しないを言い合って，ただ単に駆け引きをしているのではないか？
⑥要素6　バトナ
　合意に達しなかった場合にどうするかを考えないで，お互いに脅しをかけて

---

[16] ロジャー・フィッシャー，ダニエル・シャピロ：新ハーバード流交渉術，印南一路訳，講談社，2006，p. 277.

いるのではないか？
⑦要素7　コミットメント
　交渉者が，非現実的な約束をすることを要求していないか？　果たしたいと思うような約束を草案化するのに失敗したのではないか？

　論理思考に基づき準備しておけば，交渉結果が良くても悪くても，準備したシナリオに対して，以上のような視点でレビューし，どこに価値があり，どこに問題があったかを発見し，改善することができるのである．交渉シナリオは完璧なものである必要はない．自分が交渉するストーリーの骨格となっていれば十分である．交渉中には柔軟な対応が必要であり，どんなに事前に準備しても，想定外の事は起こりうる．それでも，交渉シナリオを作っておくと，判断に迷ったときに，拠り所となるのだ．

第3章 行動科学に基づく，コミュニケーション

3.1 コミュニケーションの概念

コミュニケーションとは，どのような要素で構成されているのだろうか．効果的なコミュニケーションを阻害する要因は何だろうか．マーケティング分野で研究されているコミュニケーション・プロセスの要素[1]を考えてみよう．

① コミュニケーションの当事者は，発信者と受信者が存在する．
② コミュニケーションツールとして，媒体（メディア）の中にメッセージが存在する．
③ コミュニケーション機能として，エンコーディング（一定の規則でデータを符号化すること），デコーディング（元に戻すこと），反応，フィードバックが存在する．
④ 特徴として，ノイズ（意図したコミュニケーションを妨害する恐れのある，ランダムなメッセージ，競合他社のメッセージ）がある．

これを交渉シーンで見てみよう（p. 14「図1：交渉理論の概念図」参照）．交渉中のサイクルでは，部分的意思決定を繰り返し行うため，情報の伝達と発信，質問と傾聴，観察と分析，判断が何度も繰り返し行われている．2名で行われて

---

[1] フィリップ・コトラー：コトラーのマーケティング・マネジメント，恩藏直人監修，月谷真紀訳，ピアソン・エデュケーション，2001, pp. 671–672.

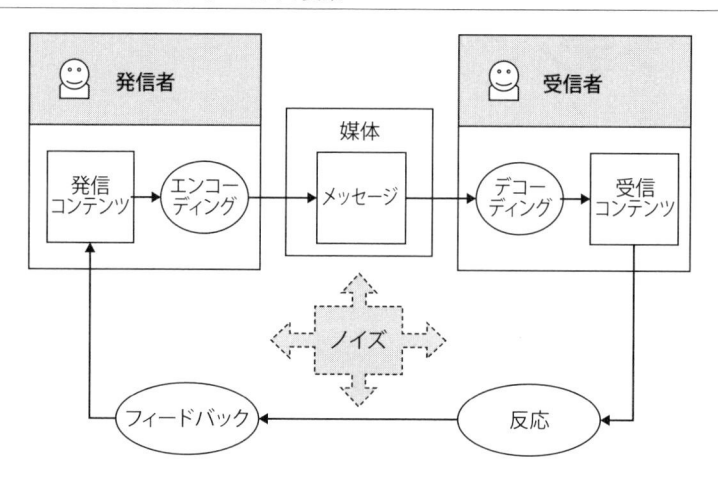

図10 ◆ コミュニケーションプロセスの要素[2]

いる交渉の場合，コミュニケーションの当事者は，発信者側と受信者側の役割を交互に交代しながら行っている．次に，交渉の場合の交渉中のコミュニケーションツールは，会話，メール，書面などの直接的なメッセージの交換が中心となる．コミュニケーション機能に，エンコーディング，デコーディング，反応，フィードバックが存在することは同じである．また，ノイズも同様に存在する．

　交渉におけるコミュニケーション・プロセスを考えるうえで重要なことは，発信者の意図は，エンコーディングされてメッセージとなり，デコーディングされて，受信者に伝達されることである．発信者のエンコーディングのプロセスと受信者のデコーディングのプロセスが一致していれば，発信者の意図は受信者にそのまま伝わるが，そうでない場合，意図したメッセージが伝わっていない可能性があるのだ．この歪みのリスクがあることを，交渉におけるコミュニケーションでは発信者側も受信者側も絶えず認識しておかなければならない．たとえば，日本人（母国語：日本語）とフランス人（母国語：仏語）が英語で交渉する場合があるように，双方が外国語を用いて交渉する場合，この歪みは更に拡大する可能性がある．母国語以外の言語を使用する場合，微妙なニュア

---

[2] 同書，p. 672，図 18-1 に基づき，作成．

ンスを表現するのは難しいからである．

　次に，たとえ，発信者のエンコーディングと受信者のデコーディングのプロセスが一致していたとしても，メッセージにはノイズが存在し，大きく影響する．特に，交渉中は，お互いに上位者の命令や時間の制約など，プレッシャーを受けた緊張状況にある．また，極度の緊張状態にある場合は，思考力が低くなり，平常とは異なる判断をする可能性もある．そのため，ストレートに意図をくみ取れば問題ないメッセージも，異なった意図で解釈したり，ノイズにより歪曲されて受け取られるケースも多い．さらに，行動科学の研究によると交渉における意思決定の場面では，無意識の規則（ヒューリスティック）の影響を受けやすい．その代表例が，偏り（バイアス）である．バイアスは，交渉中のコミュニケーションに大きな影響を与えるため，コミュニケーションエラーの原因になりやすい．たとえば，アンカリング（anchoring，アンカー効果ともいう）というバイアスがある．「アンカリングとは，交渉の相手の提案などに，意識が集中してしまうために，そのオファーを前提として考えてしまい，その結果，自分の提案を引っ込めたり，修正してしまったりすることを示す．アンカーとは碇のことだ．要するに，碇を下した船は，碇の周辺のみでは動くことができるが，それ以上は動くことができないことから，アンカリングと呼ばれる．頭の中にアンカーを打ちこまれるというイメージである」[3]．たとえば，売買取引の交渉における価格のようなわかりやすい数値条件を最初に提示するとその数値が交渉相手にとって，想定より厳しい数値である場合は勿論，想定より緩やかな数値であったとしても，その数値が気になり，それ以外の条件に視点が広がりにくくなる．まさに，碇を下した船のようになるのだ．アンカリングは，コミュニケーションを無意識のうちにある方向に縛り付けてしまうのである．

　また，「想起の容易性」と呼ばれるバイアスもある．「人にとっては鮮明で新しい出来事ほど思い出しやすいので，それは思い出しにくい出来事よりも発生しやすいと判断してしまう」[4]ことだ．交渉とは直接関係ないが，比較的最近

---

[3] 田村次朗，一色正彦，隅田浩司：ビジュアル解説　交渉学入門，日本経済新聞出版社，2010，p. 20.
[4] 同書，p. 66.

あったトラブルで苦い経験があった場合，交渉中に類似したトラブルが想定された場合，実際のリスクよりも危険度を高く認識し，強く拒絶する場合などが該当する．

すべての交渉が相手との継続的な関係やパートナーシップを目指しているわけではない．しかし，コーエン博士（pp. 11-12，序章 2 節参照）が指摘するように，交渉相手の多くは，継続的な関係を必要とする場合も多く，そのため，巧みな交渉テクニックで相手を操ることは，継続的な関係を構築する可能性を自ら低めていることになる．交渉の初期段階で売買取引交渉における価格のようなわかりやすい数値を出すことは，危険性を伴うことを認識して欲しい．もし，価格を出す必要がある場合は，価格に幅を持たせたり，直接的な数値ではなく，一般化したモデルを示したり，他の例からシミュレーションできる数式を示すなど，対応方法はいくつもある．これらは，理論を理解し，模擬交渉でトレーニングすることにより，習得可能な能力なのだ．

このような罠に陥らないために知っておくべき代表的な交渉テクニックについて，いくつか例示しておこう．

①フット・イン・ザ・ドア[5]

交渉相手がドアを閉めようとしているところに，足を入れて無理やりこじ開けることからこのように呼ばれている．最初に取るに足らないと思うような要求を意図的に提示し，小さなイエスという答えを引き出す．そのうえで，徐々に大きな要求にエスカレートさせるのである．最初にイエスと言ってしまっているので断りづらい心理を利用したテクニックである．また，逆に，最初に過大な要求を出して相手にノーと言わせた後，次は条件を下げてみせて，本来の要求を出す方法もある．この方法は，ドア・イン・ザ・フェイス（返報性の原理）と呼ばれている．いずれも小手先のテクニックだが，知識として理解していないと思わず心理の罠にかかってしまうので，注意してほしい．

---

[5] 田村次朗，一色正彦，隅田浩司：ビジュアル解説　交渉学入門，日本経済新聞出版社，2010，p. 127 に基づき，作成．

②ニブリング[6]

　いわゆるおねだり戦術である．いったん合意した直後，相手の気が緩んだときをねらって，相手に追加条件を提示し，その条件を受諾させてしまうテクニックだ．交渉がほぼ合意に達したとき，人間は気が緩み油断しやすい心理状態となる．また，合意した場合，できるだけ合意を維持したいという心理（合意バイアス）が働きやすくなる．この戦術は，相手が気を緩めたり，油断しているとき，または，意図的に相手の気を緩めて，不意打ちのように使われることが多いので，注意してほしい．

③タイムプレッシャー[7]

　交渉の前半に，双方が会話をはずませ，円滑なコミュニケーションを行うことは，会議を円滑に進めるアイスブレイクと同様に，重要な方法である．最初から対立している協議項目（アジェンダ）に入ると硬直状態や対立状態になりやすい．このような場合，交渉のプロたちは，敢えて，直接的な話題を避け，雑談をしながら交渉に入ることも多い．ところが，この雑談の中に心理戦術が含まれていることがある．たとえば，海外や国内でも遠方から来た交渉相手に対して，その移動をねぎらいながら，宿泊の予定や帰りの交通手段などを聞き出す．そして，その時刻が決まっている，または，固定して変えにくいという情報がわかると，敢えて，交渉の最終条件提示をデッドライン近くの時刻まで遅らせ，相手にこちらの提示条件を呑まざるをえないプレッシャーを与えるのである．延長戦のオプションがない相手は，仕方なく，不利な条件を呑んでしまうので，要注意だ．

　ハーバード大学で交渉学を学び，交渉学の研究者であり，弁護士でもある田村次朗教授は，著書の中で，「交渉戦術のいくつかは，ある状況下においては非常に有効なものであるが，使い方によっては，倫理的衝突を引き起こしたり，信頼を失ったりする場合がある．」[8]と注意を促したうえで，著名なグッド

---

[6]　同書，p.141 に基づき，作成．
[7]　同書，p.161 に基づき，作成．
[8]　田村次朗：交渉戦略　思考プロセスと実践スキル，ダイヤモンド社，2004，pp.186-200，付録　交渉戦術と対処法．

コップ，バッドコップ（良い刑事，悪い刑事役のロールプレイ）等，21の交渉テクニックとその対応方法を紹介している．

それでは，行動科学に基づくコミュニケーションの能力は，どのようにすれば向上するのだろうか．ハーバードビジネススクールでは，コミュニケーション能力を磨く最良の方法として，次の4つを挙げている[9]．

①話し言葉を効果的に使う方法を見つける．
②非言語コミュニケーションを慎重に利用する．
③面と向かってのやり取りで，相手のシグナルを「読み解く」方法を習得する．
④プレッシャーの下で効果的にコミュニケーションするという課題をマスターする．

また，ハーバード・ネゴシエーション・プロジェクト（HNP）でも，コミュニケーションを重視しており，以下の方法を推奨している[10]．

ステップ1：会話を3つのカテゴリーに分類して，準備しよう

HNPでは，数千の会話例を研究し，人の考えや感情を3つのカテゴリーに分類している．そして，各カテゴリーにおいて，ミスをおかすパターンを研究し，予想されるトラブルを未然に防ぎ，乗り越える方法を研究のうえ，成功確率の高い会話方法を推奨している．3つのカテゴリーとは，①何があったかをめぐる会話，②感情をめぐる会話，③アイデンティティをめぐる会話である．そして，3つの会話のそれぞれにおいて生産的に対処し，3つを同時に扱う能力を高めることは，困難な状況における会話能力を向上させるとして，推奨している．

---

[9] ハーバード・マネジメント・アップデート編集部，ハーバード・マネジメント・コミュニケーション・レター編集部：ハーバード・ビジネススキル講座 対話力，DIAMONDハーバード・ビジネス・レビュー編集部訳，ダイヤモンド社，2006，p.6．
[10] ダグラス・ストーン，ブルース・パットン，シーラ・ヒーン，序文＝ロジャー・フィッシャー：話す技術 聞く技術 ハーバード・ネゴシエーション・プロジェクト，松本剛士訳，日本経済新聞出版社，2012，pp.322-343に基づき，作成．

ステップ2：話を持ち出すかどうかを決めよう

　相手に論点を持ち出すときに，相手が興味を示さない，心を開かないなど不安があるが，重要なことは，相手がどう反応するかに関わりなく，論点を持ち出すことである．相手をコントコールしようとせず，自分がこの問題を大事だと考えていることを伝えることに価値がある．

ステップ3：第三者の視点から始めよう

　会話には，自分のストーリーと相手のストーリーに加えて，難しい話し合いには，必ず第三者のストーリーが含まれる．第三者のストーリーとは，特定の利害のない傍観者の立場である．その第三者から見た視点でストーリーを語る方法を研究のうえ，推奨している．

ステップ4：お互いのストーリーを掘り下げよう

　自分に語るべきストーリーがある場合，相手のストーリーへの好奇心を持ち続けるのは困難であり，自分のストーリーが正しいと思う傾向がある．しかし，もしも自分の意見が話の中に取り入れられると相手が感じれば，相手は自分の話を受け入れやすくなる．円滑なコミュニケーションのためには，お互いにストーリーを受け入れる方法を研究のうえ，推奨している．

ステップ5：問題を解決しよう

　今までのステップで，お互いのストーリーを理解し，何があったかの糸を解きほぐすところまで到達したうえで，問題の解決に入る．問題の解決とは，情報を集めて認識をテストすること，両方の主な関心を満足する選択肢をつくりだすこと，そして，それができなければ，お互いの違いを解消するフェアな方法を見つけることであると定義している．問題の解決は重要だが，難しい話し合いに時間を掛けることを推奨している．今回問題を解決したとしても，また別の問題が起こる場合が考えられるからである．

　行動科学の研究を用いれば，コミュニケーションにも論理がある．その論理を用いて，陥りやすいパターンや問題を解決する方法論を理解したうえで，模擬交渉のような実践的なトレーニングを行えば，コミュニケーションの能力は，向上するのである．

3.2 交渉シーンと理論解説

それでは,行動科学に基づくコミュニケーションについて,具体的な交渉シーンの事例と理論を解説しよう.

3.2.1 アサーティブな発信

【交渉シーン⑥】

ある研究所の1シーン.研究員Aが,実験用の試薬を測り分けるため,電子天秤を使おうとした.ところが,何かわからない薬品がこぼれていた.このままでは危険なので,どの薬品かを聞いたうえで,除去したいと思っている.そこで,電子天秤の使用リストを見て,自分より1つ前に使用した研究員Bに聞いてみた[11].

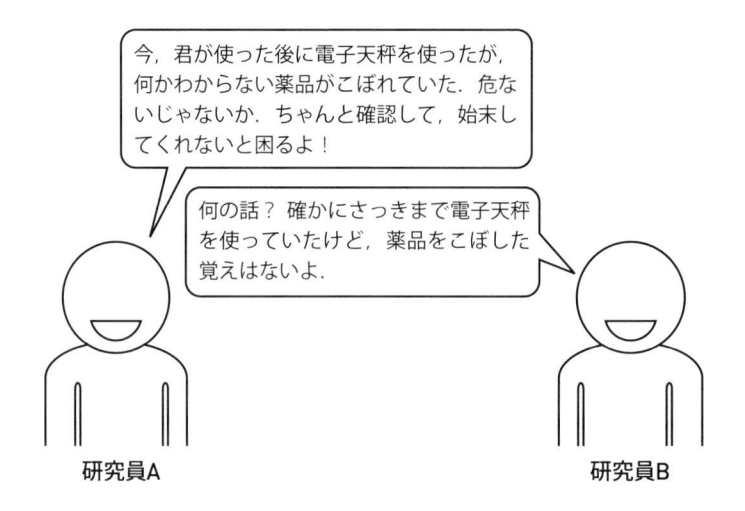

研究員A:「今,君が使った後に電子天秤を使ったが,何かわからない薬品がこぼれていた.危ないじゃないか.ちゃんと確認して,始末してくれないと困るよ!」

研究員B:「何の話? 確かにさっきまで電子天秤を使っていたけど,薬品をこぼした覚えはないよ.」

---

[11] カール・M.コーエン,スザンヌ・L.コーエン:ラボ・ダイナミクス 理系人間のためのコミュニケーションスキル,浜口道成監訳,メディカル・サイエンス・インターナショナル,2007, p.10 に基づき,作成.

この交渉シーンにおいて，あなたは研究員Aだとしよう．あなたは，研究員Bが薬品をこぼしたと仮説を立て，どんな薬品かを確認のうえ，対策を講じたいと思っている．しかし，研究員Bとは最初の会話でつまずいてしまった．あななら，この場合，どのように話を始めるだろうか．

【解説】

　研究員Aは，事実を確認する前に，研究員Bに責任があると仮説を立て，責めるように詰問している．交渉により問題解決を目指す場合，責めるコミュニケーションは，問題の本質から焦点がずれ，問題解決の可能性を低くするリスクがある．ハーバード・ネゴシエーション・プロジェクト（HNP）では，交渉における数多くの会話を分析し，責めるコミュニケーションのリスクについて，「"責め"に焦点を当てることがまずいのは，わたしたちが問題のほんとうの原因になっているものが何かを知り，それを修正するための行動を起こすことのさまたげになるからである．そしてまた，"責め"は往々にして，的はずれで，アンフェアなものだからだ」[12]と述べている．この場合，研究員Bは，1つ前に使用したことは事実だが，こぼれていた薬品が研究員Bの責任であるという証拠はない．しかし，研究員Aは責めを研究員Bに負わせるようなコミュニケーションを取り，問題を解決しにくくしている．

　それでは，責める以外にどのようなアプローチが良いのだろうか．相手の立場を考えた主張ともいえるアサーティブネスを研究している心理学者のアン・ディクソンは，新しいコミュニケーションのパターンとして，まず，会話の前に，以下の3つの基本的な質問を自分に行うことを推奨している[13]．

　　①何が起こっているのか？
　　②それについて自分はどう感じているのか？
　　③どのような具体的変化を望むのか？

---

[12] ダグラス・ストーン，ブルース・パットン，シーラ・ヒーン，序文＝ロジャー・フィッシャー：話す技術・聞く技術，日本経済新聞出版社，2012, p.115.
[13] アン・ディクソン：それでも話し始めよう　アサーティブネスに学ぶ対等なコミュニケーション，アサーティブジャパン監修・監訳，クレイン，2006, p.59.

アサーティブネスとは，相手の立場の仮説立てをすることにより，相手が受容しやすい内容と表現を用いてコミュニケーションすることだ．そのためには，まず，発生した問題に対して，相手を責める前に，まず，自分に3つの質問を投げかけ，冷静に自らの答えを整理することから始めるのだ．これは，攻撃的でも，無力でもなく，素直に自分を主張し，対等にコミュニケーションを取るためにも必要不可欠なのである．「売り手よし，買い手よし，世間よし」という近江商人の商売原則「三方よし」として知られる麻布商売二代目中村治兵衛は，「たとへ他国へ商内(あきない)に参り候ても，この商内物，この国の人一切の人々皆々心よく着申され候様にと，自分の事には思はず，皆人よき様にとおもひ，高利望み申さず，とかく天道のめぐみ次第と，只そのゆくさきの人を大切におもふべく候，それにては心安堵にて，身も息災(そくさい)，仏神の事常々信心に致されて候て，その国々へ入る時に，右の通に心さしをおこし申さるべく候事，第一に候」[14]と言っている．売り手である商人が，交渉相手である買い手のみならず，現代でいう企業の社会的責任（Corporate Social Responsibility）の視点まで言及している．相手の立場を考えることは，自らにとっても有益なのである．

　このケースでは，薬品がこぼれていたが成分が不明であり処理に困り，危険であるという事実を伝えるとともに，研究員Bと会話を通じて，必要な情報を集めることが重要である．そのため，必要な対応と表現例を紹介する．

・話を引き出す表現の Do's & Don'ts[15]
　①相手を責めたり，質問の形を借りた断言をぶつけない．そして，事実を共有し，できるだけ情報を集めるように質問する．たとえば，以下のような表現である．
　「それはつまり，○○ということでしょうか？」（理解を確認する）
　「例を挙げてくれますか？」（多くの情報を引き出す）
　「その仮説はどうすれば確かめられますか？」（より深い情報を引き出す）
　②追及のための質問やイエス，ノーを迫ったり，用意した選択肢を選ぶこ

---

[14] 末永國紀：近江商人三方よし経営に学ぶ，ミネルヴァ書房，2011，p. 22.
[15] ダグラス・ストーン，ブルース・パットン，シーラ・ヒーン，序文＝ロジャー・フィッシャー：話す技術・聞く技術，日本経済新聞出版社，2012，pp. 262-277 に基づき，作成．

とを強要したりしない．相手の感情を認め，感情の裏にある問いかけに答える．たとえば，以下のような表現である．

「あなたはこのことでひどく動揺しているのですね．」（理解のメッセージ）

「このことは，あなたにとってほんとうに重要なのですね．」（理解のメッセージ）

「わたしがあなたの立場なら，やはり混乱すると思います．」（共感のメッセージ）

コラム③ パワープレイヤーは怖くない！

　皆さんは，こちらの話をまったく聞かず，自己主張するばかり，怒鳴るような大きな声で恫喝しながら主張を押し込んでくる相手と，もし交渉するとなったら，どうするだろうか．このような交渉者は「パワープレイヤー」とか「パワーネゴシエーター」と呼ばれている．彼らは，本当に強いネゴシエーターなのだろうか．心理学に面白い研究がある．MBTI（Myer-Briggs Type Indicator）という心理学的タイプ論である．数多くの被験者を質問形式で行動特性を分析し，外向的か内向的か，感覚的か直観的か，思考的か感情的か，判断的か知覚的かに基づき，16のタイプに分類したものである[16]．興味深いのは，ストレスにさらされた場合の行動特性である．「配慮をなくす」，「いらいらする」，「怒りっぽくなる」などの攻撃的な特徴が16のタイプすべてに対して見られる．これは，まるでパワープレイヤーではないか．強い相手と思った交渉者が，実は，不安などのストレスを抱えている可能性があるのだ．交渉のプロ達は，パワープレイヤーとの交渉について，質問しなくても自らどんどん情報を開示してくる，強がっているが弱いところをつくと極端に大人しくなるなど，楽な交渉相手だと話す場合も多い．

　パワープレイヤーには，①パワーの源泉（社会的役割，所有，知識等）によるタテの圧力を使い，相手の優位に立とうとする，②一方的な説得により，自分の要求にYESと言わせる交渉スタイルを取る，③拠り所となるパワーの源泉を失う（消失，評価減）と極端に説得力を失う，という特徴がある．このタイプの交渉者とは，どのように対応すればよいのだろうか．まずは，質問によりコンテキストを引き出すことである．特に，質問から相手の拠り所を引き出しながら，相手に自らの発言の矛盾点に気付かせる方法が有効だ．それでも状況が改善しないときは，ブレイクにより適切な間を取るのが有効だ．ブレイクは自分も，そして相手も冷静にすることができる．それで

も状況が改善しないときは，パワープレイヤーへの影響者を見つけることだ．パワープレイヤーには，パワーの源泉となる拠り所があり，すべての相手に強い立場を取れるわけではない．また，逆に，上位の拠り所からのパワーには，弱いことも多い．交渉マトリクス整理[17]などを用いて，交渉相手の背景や関係者を整理し，影響を与えうる立場や能力のある相手を探すのだ．そして，影響者を通じて交渉するのである．いずれにしても，相手が興奮しても，自分は冷静に交渉すれば，パワープレイヤーを恐れることはない．

---

16) R. R. ペアマン，S. C. アルブリットン：MBTI®への招待，園田由紀訳，金子書房，2002，pp. 58-65．
17) 田村次朗，一色正彦，隅田浩司：ビジュアル解説　交渉学入門，日本経済出版社，2010，pp. 64-70．

3.2.2　非言語メッセージの受信

【交渉シーン⑦】

1対1の交渉シーン．あなた（交渉者B）は，相手が沈黙し，なかなか言葉を発してくれないので困っていた．今まで自分が発したメッセージに対して，相手はネガティブなのか，ポジティブなのか，または，単に考えているのみなの

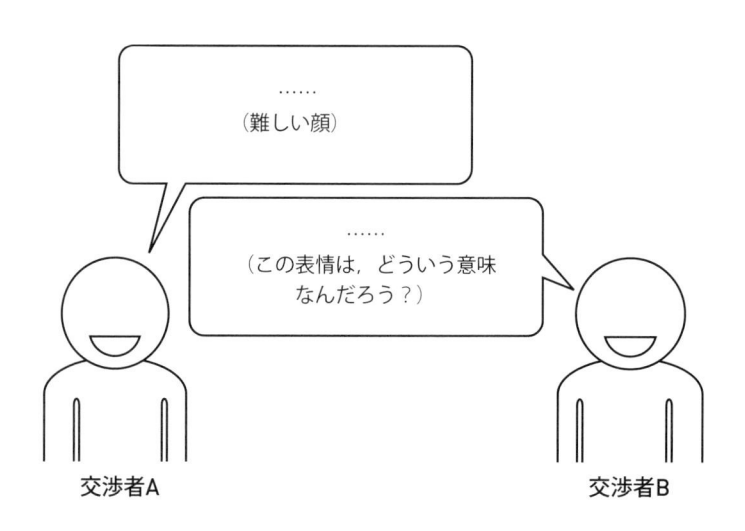

……
（難しい顔）

……
（この表情は，どういう意味なんだろう？）

交渉者A　　　　交渉者B

か，相手の表情が読めず，交渉は，膠着状態になっていた．

　このケースにおいて，あなたは，交渉相手（交渉者A）の表情から相手の反応を探りたいと考えている．相手の表情を読み取ることはできるのだろうか．

【解説】

　交渉は，相手と対面で行われることが多い．その場合，交渉相手は，言葉によるメッセージの発信以外にも，顔の表情，身振り，手振り，動きなどにより，言葉以外のメッセージ（非言語メッセージ）を発信している．この非言語メッセージを受けることができれば，コンテキストを引き出しやすく，また，自分が発したメッセージに対する相手の反応に対して，より正確な観察と分析が可能になる．代表的な非言語メッセージに顔の表情があるが，表情には万国共通のパターンがあるのだろうか．

　医学博士（心理学）であるポール・エクマンは，過去30年の研究成果により，特定の表情には，民族，性別，年齢等に拘わらず，万国共通のパターンがあることを見出している．そのなかから，交渉中に分析できると有効な微妙な感情である"嫌悪"の表情の特徴を見てみよう．嫌悪とは，どのような感情なのだろうか．「嫌悪とは，忌避の感覚である」，「嫌悪は，ふつう，排除反応と回避反応を含む．嫌悪の対象が取り除かれるか，それが避けられるかのいずれかである」[18]．交渉者が発したメッセージに対して，言葉では表現しないが，嫌悪の表情が見られるときは，要注意だ．次のメッセージの選択を誤ると難局に陥るリスクが高まる．また，嫌悪は，軽蔑，怒り，驚き，恐怖，悲しみなどの感情と組み合わさっていることも多い．

　嫌悪の表情は，以下のパターンを含んでいる[19]．

　　①上唇が引き上げられる．
　　②下唇も引き上げられ，上唇の方に押し上げられるか，下げられ，わずかに突き出る．

---

[18] P. エクマン，W. V. フリーセン：表情分析入門　表情に隠された意味をさぐる，工藤力訳，誠信書房，1987，p. 86．
[19] 同書，pp. 98-99に合成写真による表情サンプルあり．

③鼻にしわがよる．
④ほほは持ち上げられる．
⑤下まぶたの下にしわができ，まぶたは押し上げられるがぴんと張っていない．
⑥眉は下げられ，上まぶたを下方に下げている．

　言葉ではわかりにくいが，著書には，紹介した嫌悪を含む6つの感情（驚き，恐怖，嫌悪，怒り，幸福，悲しみ）が混在した33種類の表情について，合成写真を用いた具体的なサンプルが紹介されている．顔写真のサンプルによる練習問題もあるので，参照してほしい．ここで重要なのは，表情にも万国共通のパターンがあり，それを知っていれば，相手の非言語メッセージを受け取れる可能性が高まることである．

　ハーバードビジネススクールでは，交渉における非言語コミュニケーションについて，「対面コミュニケーションにおいては，非言語シグナルは，話し言葉より強力ではないにせよ，同じくらいの力を持つ．実際に，いくつかの調査によれば，話し手の言葉とボディ・ランゲージが矛盾する情報を伝えるように見えるとき，聞き手は非言語シグナルのほうにより注意を払うだろうと言われている．その他の非言語的コミュニケーションを構成する行動や動作と同じく，聞くことも強力なメッセージとなりうる．誤解があれば，関係を損なったり責任追及に結びついたりするおそれがあるが，注意深く聞けば，コミュニケーションの回線がつながったままになり，誤解されにくい」[20]とし，非言語メッセージを受信し，交渉に活用する方法を紹介している．

　交渉中のサイクルでは，お互いのメッセージの交換が頻繁に行われる．そのメッセージは，言葉で言語化されたものや文字で表現されたものだけでなく，表情，しぐさ，動きなどの非言語メッセージの受信も重要であり，また，その特性にも研究されたパターンがあり，理解と学習により受信確率を向上させることができるのだ．

---

[20] ハーバード・マネジメント・アップデート編集部：ハーバード・ビジネススキル講座　対話力，DIAMONDハーバード・ビジネス・レビュー編集部訳，ダイヤモンド社，2006，pp. 11-12．

────── コラム④シーティングの効果！ ──────

　交渉は，普通，机などを挟んで座って行われる．あなたは，交渉の際，どこに，どのように座るかを考えて場所を決めているだろうか．コーチングなどのビジネス研修では，上司などの上位者が，部下などと面接する際，対峙型に座らず，斜めや机の角を挟んで座るなどにより，相手に不要なプレッシャーを掛けないようにアドバイスしているケースもある．心理学の研究によるパーソナルスペースでは，家族や友人などの親しくない相手とは，近づきすぎると逆にストレスと感じることが多い．それでは，交渉において，どのように座ればよいのだろうか．

　交渉において，交渉相手に対して，どこに，どのように，どのくらいの距離を置いて座るかを考え座ることを"シーティング"と呼ぶ．シーティングは，円滑に交渉するための環境作りとして，重要な要素の1つである．シーティングに正解があるわけではない．交渉相手がどのように感じるか，自分の交渉シナリオとの連動性などを考えて決めるのが効果的だ．模擬交渉の演習で，ある社会人の受講者は交渉の前半と後半でシーティングの位置を変えていた．その受講者は，なぜシーティングを変えたかという質問に対して，「このケースは，初対面の交渉です．そのため，交渉の前半は，探り合いの段階であり，相手を信頼すべきかどうか迷っていると思います．そのときに，相手の立場を考えるとあまり近くに交渉相手がいるのはストレスを感じるのではないかと思いました．そのため，前半は少し離れた位置に座り，目線もあまり強く送りすぎないようにしていました．ブレイク後の後半では，座る位置と座り方を変えてみました．前半の交渉で，うなずいてくれるなど，いくつか良い反応があり，どの程度，こちらの条件に共感し，親和性をもってくれたかを知りたいと思い，後半で変えて，試してみました」[21]と答えた．このチームの交渉は，前半はややぎこちなかったが，後半は和やかに交渉していた．シーティングを通して，非言語メッセージを有効に受信していたのだ．

　交渉とは，自分と相手のインタラクティブな行為である．相手の立場を考えて発言するアサーティブネスと同様に，相手が心地よく交渉しやすい環境を設定することは，自分の主張や意見を聞きやすくし，また，自分も相手の話を心地よく聞ける．そのことに価値があり，交渉にプラスの効果が期待できるのである．

---

21) 一色正彦，高槻亮輔：売り言葉は買うな！　ビジネス交渉の必勝法，日本経済新聞出版社，2011，pp. 98-100，エピソード13 シーティングで変わる交渉心理，参照．

3.2.3　コンテキストの引出し

【交渉シーン⑧】

　ある研究所で行われている1対1の交渉シーン．あなたは，研究所の教授である．以前，研究室で行われたミーティングで，ある1人のポスドク（ポストドクターの略．博士課程を修了し，常勤研究職の前の研究者）が新しいプロジェクトを提案してきた．ミーティングに参加したメンバーは皆，このポスドクのアイディアを強く支持した．しかし，教授は，大事な電子メールの返事を書いていたので，よく聞いていなかった．1か月後，あなたは，偶然，同じプロジェクトを新参のポスドクに提案した．それを知った最初のポスドクは，教授が自分のアイディアを故意に盗んだとして，学科長に訴え出た．この誤解を解くために，教授とポスドクの交渉が行われた[22]．

　この交渉シーンにおいて，あなたは，ポスドクの誤解を解くためには，どうすればよいだろうか．

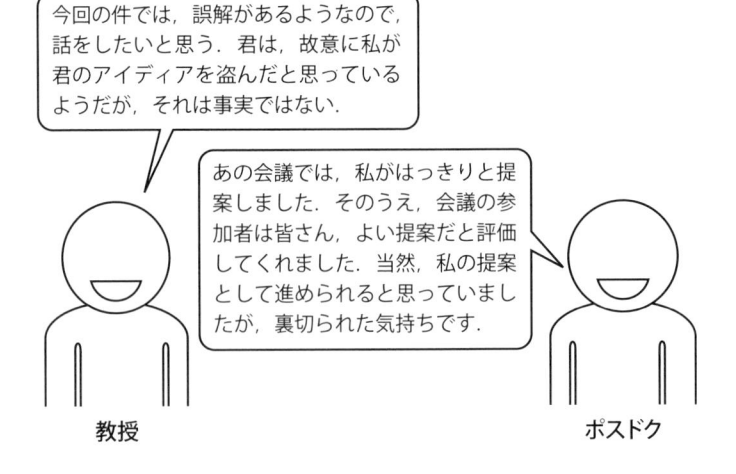

教授：「今回の件では，誤解があるようなので，話をしたいと思う．君は，故意に私が君のアイディアを盗んだと思っているようだが，それは事実ではない．」

ポスドク：「あの会議では，私がはっきりと提案しました．そのうえ，会議の参加者は皆さん，よい提案だと評価してくれました．当然，私の提案として進められると思っていましたが，裏切られた気持ちです．」

---
[22] カール・M．コーエン，スザンヌ・L．コーエン：ラボ・ダイナミクス　理系人間のためのコミュニケーションスキル，浜口道成監訳，メディカル・サイエンス・インターナショナル，2007, p.10 に基づき，作成．

【解説】

　この事例では，ポスドクが，なぜ，教授に話をしないままに，直接学科長に訴え出たのかについて，彼のコンテキストを引き出す必要がある．事前にコンテキストの仮説立てには，ロジックツリー（p. 53「図9：ロジックツリーの具体例」参照）を用いた分解が有効である．さらに，部分的意思決定サイクルによるコミュニケーションの工程では，伝達と発信では，アサーティブネスの手法を活用し，傾聴と質問では，設計した質問を用いて情報を引き出し，観察と分析では，非言語メッセージを有効に受信することが重要である．

　HNPでは，このケースのような「険悪な状況を一変させる傾聴の極意」を紹介している．まず，相手の話を聞くことの重要性を説明したうえで，「相手の聞く気を損なっている障害が，自分の言うことを聞いてもらえないと感じていることだとすれば，その障害を取りのぞく方法は，ちゃんと聞いてもらえていると相手に感じさせることである．そのためにはまず，相手の言いたいことに耳を傾けなければならない．そしておそらくいちばん重要なのは，あなたが相手の言っていること，感じていることを理解していると具体的に示すことだ」[23]とアドバイスしている．

　一方，教授は，まず自分の話から始め，自分の主張を相手に聞かそうとしている．しかし，ここで重要なのは，ポスドクがなぜ，誤解したのか，また，なぜ，自分ではなく，学科長に直接訴えたのかを引き出すことであると考えると，相手が話をするように促すことが必要である．コンテキストを引き出すためのDo's & Don'tsは，以下である．

・コンテキストを引き出すためのDo's & Don'ts
　①最初に，自分の主張を押し付けたり，また，イエス，ノーで答えるような質問を行わない．まず，相手が話しやすい話題を促し，そして，その相手の話を傾聴する．
　②相手が話をしているときの表情，動きなど，非言語メッセージを見逃さ

---

[23] ダグラス・ストーン，ブルース・パットン，シーラ・ヒーン，序文＝ロジャー・フィッシャー：話す技術・聞く技術　ハーバードネゴシエーション・プロジェクト，松本剛史訳，日本経済新聞出版社，2012, p. 255.

ない．相手の感情が高まった場合には，ブレイク（休息）を取り，冷静に話をする環境を作る．

相手がコンテキストを話しやすくするための有効な方法に例示シミュレーションと呼ばれる方法がある．あなたは，この事例のような険悪な状況において，ポスドクの立場だと考えてみよう．矢継ぎ早の質問はもちろん，自分の事は話さず，こちらの話ばかり聞き出そうとする場合，警戒する心理が働かないだろうか．一方，最初は自分の話を聞いてくれたとしても，途中から教授が自分の言い訳に終始したり，自分の主張を繰り返し出したらどうだろうか．

商品の売買取引の交渉場面において，交渉の初期段階でわかりやすいが双方が気になって仕方がない数字，たとえば，商品の価格について，相手が数字を提示し，その数字が気になってそれ以外の話ができないアンカリング状態に陥ったとしよう．また，自分はアンカリング回避を意識していたが，相手から数字を言わないとこれ以上交渉しないと強要される場合もある．このような場面で，アンカリングを回避する方法はあるのだろうか．

HNPでは，会話のスタートを「第三者のストーリー」から始めることを推奨している．たとえば，自社に戻り，同僚Aと同僚Bがミスを責め合っている以下のような会話である．最初は，お互いが相手のミスを責め，険悪な関係になっていたが，同僚Aが話題を変えて，第三者の視点から，以下のように話を始めた[24]．

・同僚A「ところで，もしかするとこのクライアントは，我々のプレゼンについて，最初からミスを探していたということはないだろうか．」
・同僚B「そう言われてみるとライバル会社と提携話の噂を聞いたことがある．確かに，この数字の間違いは私のミスだが，資料を突き返し，プレゼンを止めるほどではない気がするんだ．クライアントは，最初から粗を探していたような気もするな．」

---

[24] ダグラス・ストーン，ブルース・パットン，シーラ・ヒーン，序文＝ロジャー・フィッシャー：話す技術・聞く技術　ハーバードネゴシエーション・プロジェクト，松本剛史訳，日本経済新聞出版社，2012，pp. 329-330 に基づき，作成．

・同僚A「そんな事情があったんだね．気が付かなかったのは，私にも落ち度があるな．いずれにしても，他の対策を考えないといけないな．どんな方法があるか，一緒に考えてみないか．」

　問題が発生し，交渉しているシーンでは，自分の立場や主張に基づく自分のストーリーと同様に相手のストーリーがある．それぞれが，相手のストーリーを尊重せず，自分のストーリーのみを主張すれば，問題は紛糾し，乗り越えることが困難な難題になってしまう．しかし，第三者の視点から，ストーリーを見てみると全体が俯瞰できるうえに，双方が冷静に話をしやすい．この事例では，企画書のミスを責め合う会話から，クライアントの視点という第三者のストーリーから見ることにより，同僚Aが知らず，同僚Bが知っていたライバル企業との関係から，粗を探していた可能性があり，今後のプレゼンで対策を打っておく必要があるクライアントがいた，という重要なコンテキストが共有された．そして，ミスをした責任を責め合う対立的な関係から，お互いに自分のミスを受け止めたうえで，一緒に解決する創造的な問題解決の方法に向かいつつある．このように，険悪な状況や膠着した状況では，視点を変えてみる方法（視点のシフト）は，有効であり，その会話からコンテキストが共有されやすくなる．

　また，商品の売買取引のような交渉場面において，交渉の前半では，アンカリングを回避し，選択肢可能性を広げたい場合でも，相手が数字の提示を強く主張してくることがある．たとえば，買主が売主に価格を提示しないとこれ以上交渉しないと宣言するような場合である．フリーマーケットでの美術愛好家と学生が学生の描いた風景画の交渉をしている場面（詳細の設定は，pp. 47-48「第2章2.2.1項の交渉シーン①」参照）で考えてみよう．風景画のような芸術品は，原価から算出される価格があるわけではない．しかし，買主の美術愛好家が，価格を提示しないと交渉しないと強く主張してきた．この場合，どのような方法があるだろうか．代表的な方法を3つ紹介しよう．

・対応策①：質問により視点をシフトさせる
　相手の質問に答えるために必要な質問をすると説明して，価格を決めるため

に必要な情報を引き出す方法である．「視点のシフト」と呼ばれている．突然，関係ない話題にするのではなく，相手の質問に答えるために必要であることを伝えるのがポイントである．

・対応策②：一般例のシミュレーションを示す

　この風景画の価格を答えるのではなく，一般例を示し，相手が仮説を立てられるようシミュレーションを促す方法である．たとえば，この件に拘わらず，自分が通常，価格を決める際に重視している条件や価格決定の要因を示し，他の例でどのように価格が決まるかのサンプル例を示す．これにより，相手は，自分が聞きたい価格について，仮説立てのシミュレーションができるのだ．「例示シミュレーション」と呼ばれており，ビジネスの交渉において，交渉のプロたちがよく用いる方法である．

・対応策③：点ではなく，幅で答える

　話の流れから，どうしても，数字を答えざるをえない場合も考えられる．その場合でも，○○円，と点で答えるのではなく，○○〜○○円の間，もしくは，△△の場合，○○円くらい，□□の場合，○○円くらい，というように数値や付帯条件で幅を持たせることが重要である．数値を含む条件を交渉するときは，たえず，ゾーパを意識しておくことが有効である．

　コンテキストは，隠された事実や意図であり，交渉中に発言されることが少なく，引き出すのは難しい．しかし，コンテキストを引き出すことは，問題を解決できる可能性を高めるために重要である．事前に仮説立てして，質問を設計し，受容可能性の高い会話を選択する．そして，相手の非言語メッセージを観察，分析し，部分的意思決定サイクルを繰り返すことで，コンテキストを引き出すことは可能なのである．

コラム⑤ブレイクの効果！

　交渉中は，どうしても乗り越えられないのではないかと思う難題にぶつかることがある．パワープレイヤーのような交渉相手が，なかなか冷静になってくれないこともある．このような場合に有効なのは，意図的にブレイク（休息）を取ることだ．ブレイクには，難題にぶつかったときに，自分も交

渉相手も冷静にして，展開可能性を高める効果がある．また，交渉の前半と後半や主要な協議事項が終わったときなどに切り替えに使えば，交渉にメリハリをつけて，円滑に進めることもできる．また，ブレイクを挟むことにより，円滑にブレスト型交渉につなげる切っ掛けにすることもできる．タイム・イズ・マネー，交渉中に無駄な休息なんか，と思われるかもしれない．しかし，急がば回れなのである．HNPでも，交渉中に取るブレイクについて，冷静に自分の交渉や相手の交渉を見直す好機と考えるべきだとしたうえで，「ひと休みしたいと頼んだりすることは，ばつが悪いと考える人もいるだろう．しかしバランスを取り戻すまで会話を先延ばしにすることは，将来的にそれよりももっと悪い事態からあなたを救い出すのに役立つのだ」[25] と指摘している．また，多数当事者間の交渉では，ブレイクは個別交渉やグループ交渉できるチャンスでもある[26]．

　ブレイクを有効に取るには，事前にブレイクを取るタイミングと方法を複数用意しておくとよい．交渉の最初は，何を協議すべきかから交渉する（アジェンダ交渉）ことが多い．その場合，午前中に主要な議題が終わったら，一度，小休止しましょう，というように，アジェンダにブレイクを組み込んでおく方法がある．また，コーヒーブレイクやトイレ休憩など，ナチュラルにブレイクを取る方法を準備しておくことも重要だ．難易度の高い方法だが，相手を笑わせてブレイクを取る方法も有効だ．ユーモアは人を和ませ，相手の応援を引き出すのだ[27]．それでも，緊急にブレイクが必要な場合もある．その場合は，今なぜブレイクが必要かを相手に丁寧に説明し，緊急避難してもよい．後で，ブレイクをとって冷静になっていれば，と後悔するよりもよい．必要なときに，いつでもブレイクが取れるように備えておくことが重要なのだ．

---

25) ダグラス・ストーン，ブルース・パットン，シーラ・ヒーン，序文＝ロジャー・フィッシャー：話す技術・聞く技術　ハーバードネゴシエーション・プロジェクト，ダイヤモンド社，2012, p. 199.
26) 一色正彦，高槻亮輔：売り言葉は買うな！　ビジネス交渉の必勝法，日本経済新聞出版社，2011, pp. 115-117, エピソード 18 ブレイクの個別交渉でフェーズチェンジ．
27) ハーバード・マネジメント・アップデート編集部：ハーバード・ビジネススキル講座　対話力，DIAMOND ハーバード・ビジネス・レビュー編集部訳，ダイヤモンド社，2006, p. 172, 4. 相手を笑わせよう．

3.2.4　ビジュアルコミュニケーション

【交渉シーン⑨】

1対1の交渉シーン．交渉は暗礁に乗り上げた．交渉者Aは，ここはブレスト型交渉を行うべきだと考えて，立ち上がって，ホワイトボードに論点を書き出した．

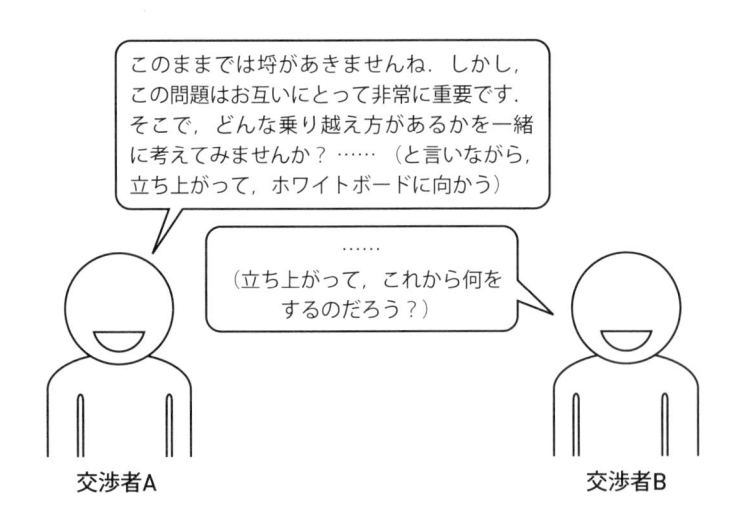

交渉者A：このままでは埒があきませんね．しかし，この問題はお互いにとって非常に重要です．そこで，どんな乗り越え方があるかを一緒に考えてみませんか？……（と言いながら，立ち上がって，ホワイトボードに向かう）

交渉者B：……（立ち上がって，これから何をするのだろう？）

この交渉シーンにおいて，あなたは交渉者Aとしよう．交渉者Aは，難題を乗り越えるためにブレスト型交渉に持ち込もうとしている．自然にブレスト型交渉に入るには，どのように切り出せばよいのだろうか．

【解説】

ブレスト型交渉に入る場合は，この事例のように「難題を乗り越える」（目的）と「一緒に考える」（協働性）が重要になる．話の流れにより，「いままでの議論を整理してみましょう」や「お互いの主張を書いて整理してみましょう」（論点整理）という方法もある．直接目を見ながらのコミュニケーションをとる場合もあるが，同じものを見ながら，間接的にコミュニケーションをとった方がよい場合もある．いずれにしても，自然な流れでブレスト型交渉に入りなが

らも,「アイディアの批判や評価は,すべて最後に行う」というグランドルールを共有しておくことが重要である.

そのうえで,この事例のようにホワイトボードなどに書き出す方法が有効だ.条件を書き出すことにより,論点が整理できるのみならず,書いた内容に沿って交渉するため,対立的な感情になりにくい.それでは,論点はどのように書いたらよいのだろうか.2つのタイプのサンプルを紹介しよう.

難しく考えることはない.今まで議論してきたキーワードをランダムに書いたり,数字はポイントをマークすればよいのだ.交渉者と共有するためのメモだと考えればよい.気を付けることは,以下の3つである.

①協働で行うプロセスが重要であり,いずれか一方が書き続けるのではなく,相互に書いたり,書いた内容を相手に確認したり,相手にも書くことを促すなど,一緒に取り組む姿勢で臨むこと.
②矢印,丸,斜線など,書いた内容に上書きし,記載内容は固定ではなく,議論のプロセスであることを考えて,動きを持たせること.
③時間軸の視点(例:3月~12月のスケール図)や中長期的な方向性の視点

図11 ◆ ホワイトボードのサンプル(マンダラ型,竹本和広氏作成)

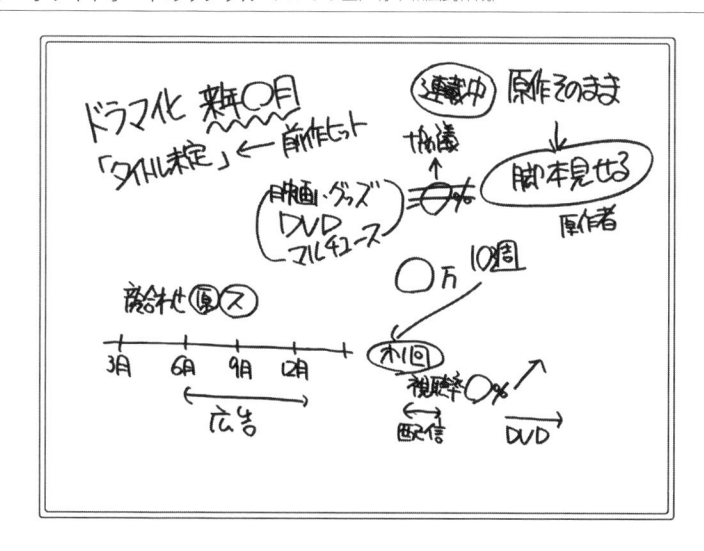

（例：右上や右への→）により，視点を広げること．

　図11は，ブレスト型交渉の前半をイメージして作成している．一方，ブレスト型交渉後半になると軸を決めて，取りうる選択肢を絞り込む方向に進む．その場合は，フレームを決めて整理する方法が有効である．

　図12では，図11と異なり，左側に主要項目，A社とS社という交渉相手が，各項目に基準を決めて評価をするプロセスのサンプルである．図11では，自由な発想が重要だが，図12では，論点を絞り，統合する視点が必要になる．交渉と言えば，口頭でのやり取りばかりを意識してしまう．しかし，難題に直面した場合に限らず，順調に進んでいる交渉でも，お互いの理解を書き出し，後半は，書いたものに沿って交渉するように進めると，論点を整理しながら，対立が協調になりやすい．さらに，論点漏れや理解のズレも防ぐことができる．ビジュアルなコミュニケーションは，交渉において有効な方法論である．

図12 ◆ ホワイトボードのサンプル（マトリクス型，竹本和広氏作成）

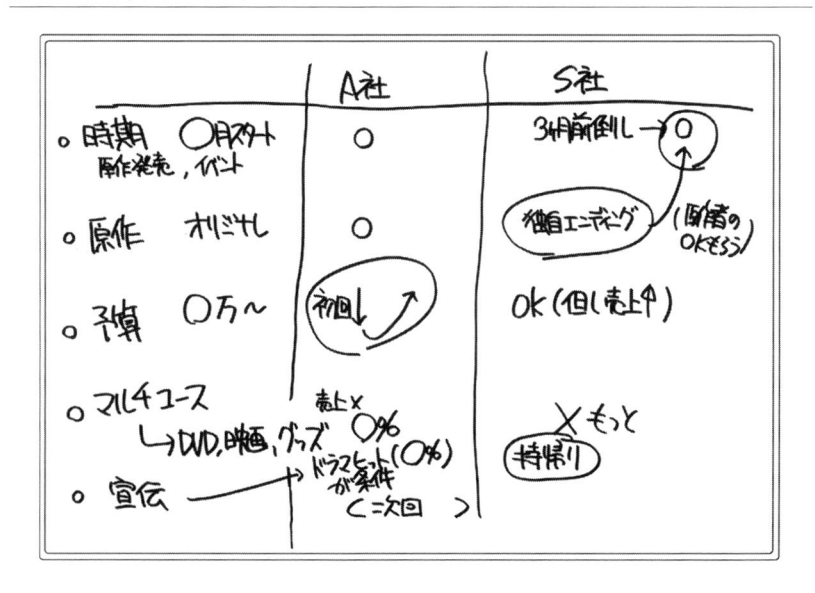

3.2.5　多数当事者間への応用

【交渉シーン⑩】

　ある研究所で行われているチーム交渉のシーン．あなたは，新しい脳画像技術のプロジェクトチームのリーダーである．チームは，技術者から成る解析グループと生物学者から成る実験グループから構成されている．解析グループは，脳内のグルコース代謝に関する実験グループのデータ収集が不十分で，装置のダイナミックレンジをどの程度にすればよいかわからないと言い続けている．一方，実験グループは，解析グループの行き過ぎた拘りから，取ることのできないデータを要求されても困ると言っている．どちらも主張を譲ろうとせず，あなたは，このままでは，プロジェクトが空中分解してしまうのではないかと困っている[28]．

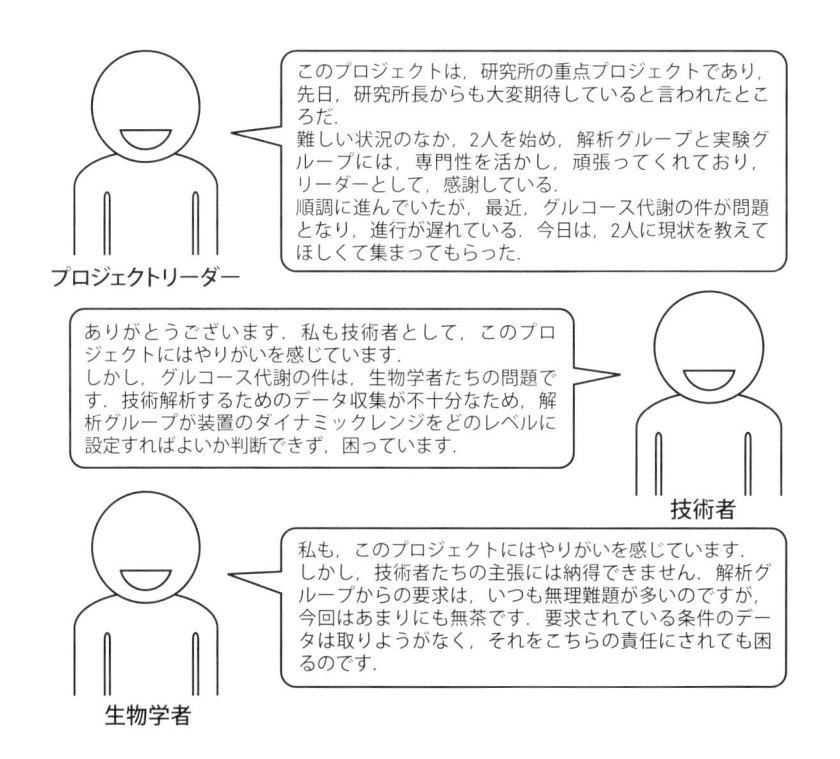

プロジェクトリーダー：このプロジェクトは，研究所の重点プロジェクトであり，先日，研究所長からも大変期待していると言われたところだ．
難しい状況のなか，2人を始め，解析グループと実験グループには，専門性を活かし，頑張ってくれており，リーダーとして，感謝している．
順調に進んでいたが，最近，グルコース代謝の件が問題となり，進行が遅れている．今日は，2人に現状を教えてほしくて集まってもらった．

技術者：ありがとうございます．私も技術者として，このプロジェクトにはやりがいを感じています．
しかし，グルコース代謝の件は，生物学者たちの問題です．技術解析するためのデータ収集が不十分なため，解析グループが装置のダイナミックレンジをどのレベルに設定すればよいか判断できず，困っています．

生物学者：私も，このプロジェクトにはやりがいを感じています．しかし，技術者たちの主張には納得できません．解析グループからの要求は，いつも無理難題が多いのですが，今回はあまりにも無茶です．要求されている条件のデータは取りようがなく，それをこちらの責任にされても困るのです．

この交渉シーンにおいて，あなたはプロジェクトリーダーとしよう．この交渉は，3名が三すくみで行われる多数当事者間の交渉である．プロジェクトリーダーは，難題を乗り越えるために，どのようなコミュニケーションをすべきだろうか．

【解説】

このような多数当事者間交渉では，全体意思（この場合，プロジェクトチーム）と個別意思，さらに，人数が多い場合は，グループ意思（解析グループと実験グループ）があり，これらが混在している．この場合，最初に整理すべきなのは，個別の相違点よりも，全体の共通点である．このケースは，同じ研究所のプロジェクトチームであり，プロジェクト全体，さらに，研究所全体とみれば，共通のミッションがある．前述のように，ミッションは階層化している（p. 22「図2：ミッション/ゾーパ/バトナの相関図」参照）．プロジェクトリーダーであるあなたは，最初に，ミッションを共有したうえで，技術者と生物学者に感謝の意を述べている．そのうえで，問題を解決するために，それぞれの主張を聞こうとしている．技術者と生物学者は，プロジェクト全体やリーダーのあなたと険悪な関係ではないが，両者は主張が異なり，対立している．このような場合は，ミッションを共有し，それぞれの主張を聞いた後，より詳しいコンテキストを引き出すためには，個別交渉に入る方法が有効だ．たとえば，このケースでは，リーダーと技術者，リーダーと生物学者が個別に会って交渉することだ．一旦，ブレイクを取るか，時間を変えるなど，交渉場面と時間を変えるのである[29]．

ただし，個別交渉は個々のコンテキストを引き出しやすい反面，同席していない相手に対して，疑心暗鬼になりやすい．そのため，個別交渉はルールを決めて行うことが重要である．たとえば，このケースでは，最初に双方の主張を

---

[28] カール・M. コーエン，スザンヌ・L. コーエン：ラボ・ダイナミクス　理系人間のためのコミュニケーションスキル，浜口道成監訳，メディカル・サイエンス・インターナショナル，2007, p. 9 に基づき，作成．

[29] 一色正彦，高槻亮輔：売り言葉は買うな！　ビジネス交渉の必勝法，日本経済新聞出版社，2011, p. 115, エピソード 18　ブレイクの個別交渉でフェーズチェンジ，参照．

聞いた後，プロジェクトリーダーであるあなたが，両名のいる前で，個々の事情を詳しく理解するため，グループ単位で個別会議を行うことを宣言したうえで，個別交渉に入る方法が望ましい．その場合，グループ代表の技術者，生物学者との個別交渉以外にも，解析グループと実験グループのメンバーが参加する会議の設定や個々のメンバーの個別ヒヤリングも有効である．

多数当事者間で発生した問題は，複数の意思が混在し，糸が絡まるように因果関係が複雑に絡み合っていることが多い．そのため，個人，グループなど，階層に分けてコンテキストを引き出すとともに，個別に交渉することで，問題を解決するための選択肢が見えてくる．最後に，合同会議を行い，ミッションを共有したうえで，問題の協働した解決を目指すのである．

東京大学先端科学技術研究センターの実験授業（参加者は，実験に協力した社会人）で，面白い事例がある[30]．4名，四すくみの多数当事者間交渉の模擬交渉だった．4名は，各国の代表者であり，それぞれの政府の指示を受けて，4か国の利害が対立するケースを争っていた．ケースの条件は，すべて対立しており，当初のケース設定のままでは，乗り越えようのない条件が設定されていた．複数のグループが交渉していたが，交渉前半の後にブレイクタイムを取り，半数のグループのA国代表に，個別に追加情報シートが渡された．その追加情報シートには，「国連事務総長にA国代表が選出されることが決まった．今回の交渉では，自国の利益を主張するように指示していたが，残りの3か国と対立したままでは，国連での運営に悪影響が出る．国益を考え，安易な妥協はすべきではないが，4か国全体の利益になる方法を模索せよ」．後半の交渉では，追加情報を渡されたA国代表がいるチームといないチームでは，交渉の状況に変化があった．追加情報ありのチームは，A国代表が4か国の共通利益を模索し始め，合意に至らないまでも，生産的な議論に変わった．一方，追加情報なしのチームは，各国が自国の利益を主張し，交渉が膠着状態になっていた．もしも，追加情報なしのチームの誰かから，4か国全体の利益になるような方法を模索する提案が出されていたとしたら，この膠着状態はどうなっていただろう．

---

[30] 同書，pp. 118-121，エピソード19 議長ロールによる"三方よし"，参照．

多数当事者間交渉でも，もっとも重要なのはミッションであり，ミッションを交渉者間で共有できるか否かがその後の交渉に大きく影響する．そのうえで，交渉シナリオに基づき，個別交渉，グループ交渉などの様々な場面を有効に活用することにより，複雑に絡み合った糸から，問題を解決する可能性を高めることができるのである．

終章 交渉の成功確率を上げるために

　交渉には理論がある．その理論を知り，模擬交渉によりトレーニングすれば，交渉力を向上させることができる．交渉力は，分析力＋コミュニケーション力＋意思決定力の総合的な能力であり，論理的思考に基づく意思決定と，行動科学に基づくコミュニケーションが能力向上のカギである．以上が，これまで述べてきた本書のメッセージである．

　理系の皆さんは，論理的思考は得意だと思うが，コミュニケーションを苦手としている方もいるかもしれない．そのコミュニケーションにも行動科学の研究があり，適切な方法論を知り，トレーニングすれば，能力を向上できる．皆さんのなかには，すでに交渉の実績があり，自信を持っている方もいるかもしれない．その場合も，先達の交渉から導き出された交渉の成功確率を上げるための研究知から，自分の交渉をレビューし，さらに能力を磨くことができる．交渉のプロである弁護士や弁理士なども，そうして自分の交渉力を磨いているのだ．

　新たな知見を知り，そして学び，習得に努めることは，刺激的だが辛いことも多い．しかし模擬交渉は，ゲーム要素が楽しく，学習効果が高いのだ．交渉学を学ぶことは，知的な刺激があり，また楽しんで継続学習できる．このことは著者3名の共通した認識であり，交渉学を学習した多くの大学生，大学院生，企業に所属する社会人，弁護士，弁理士などの法律専門家が同様に感じている．

　本書は交渉学の入門書である．学習には継続が重要であり，もう一歩先の理論や実践を学びたい方には，次の書籍を読まれることをお勧めする．

【理論書】

・交渉理論の骨格となる意思決定論の理論

M. H. ベイザーマン，D. A. ムーア『行動意思決定論　バイアスの罠』（長瀬勝彦訳，白桃書房，2011）

※ハーバード大学ビジネススクール教授であり，ハーバード・ネゴシエーション・プロジェクト（HNP）にも参加しているベイザーマン教授の理論書．意思決定論の理論について，研究の背景と詳細な内容が紹介されている．

・ハーバード大学交渉学研究の理論

ロジャー・フィッシャー，ウィリアム・ユーリー，ブルース・パットン『新版ハーバード流交渉術』（金山宣夫，浅井和子訳，TBSブリタニカ，1998）

※ハーバード大学交渉学研究の創設者であるフィッシャー教授の理論書．初版（1983）から最新版（2006）まで，最新研究がアップデートされている．本書（1998）は，交渉において創造的選択肢を生み出す意義と具体的な方法論として，ブレスト型交渉が詳細に紹介されている．

【実務書】

・コミュニケーションを総合的に強化するための実務

ダグラス・ストーン，ブルース・パットン，シーラ・ヒーン，序文＝ロジャー・フィッシャー『話す技術・聞く技術』（松本剛史訳，日本経済新聞出版社，2012）

※ハーバード・ネゴシエーション・プロジェクト（HNP）が実際の会話を研究し，陥りやすいパターンとその乗り越え方を研究した実務書．多くのビジネススクールやロースクールの教育に用いられている．具体的な会話表現のパターンが紹介されている．

・表情による非言語メッセージを読み取るための実務

P. エクマン，W. V. フリーセン『表情分析入門』（工藤力訳，誠信書房，1987）

※医学博士（心理学）のエクマン博士が，30年に亘り，世界中の民族の表情

を研究し，6つの表情（幸福，悲しみ，驚き，恐怖，怒り，嫌悪）について，万国共通のパターンがあることを発見し，紹介した実務書．具体的な表情とその読み取り方が，合成写真を交えて紹介されている．

・組織や部門内に発生した問題を交渉で乗り越えるための実務
カール・M. コーエン，スーザン・L. コーエン『ラボ・ダイナミクス　理系人間のためのコミュニケーションスキル』（浜口道成監訳，メディカル・サイエンス・インターナショナル，2007）
※医学博士でバイオ研究所の代表であるコーエン博士が，自分の研究所における科学者間の対立や衝突を解決するための理論と実践方法を紹介した実務書．組織や部門内に発生した問題を解決する有効な方法として，ハーバード大学交渉学研究を評価し，実践する方法が紹介されている．

・多様なビジネス交渉のシーンを知り，交渉で乗り越えるための実務
一色正彦，高槻亮輔『売り言葉は買うな！　ビジネス交渉の必勝法』（日本経済新聞出版社，2011）
※著者の一色が自らの実務経験と多様な企業の実務家の協力を得て，ビジネスシーンにおいて発生した問題と交渉学研究に基づく，乗り越え方を紹介した実務書．多様な業種やシーンが43ケース紹介されている．

　交渉を学べることに興味を持った皆さんは，ぜひ継続的に学習を続けてほしい．交渉学は実践的な理論でもある．学習した内容は，身近に発生した問題を解決するために，有効に活用してほしい．残念ながら，日本の大学や企業で模擬交渉で学習できる場面は少ないが，もし機会があれば，ぜひチャレンジしてみてほしい．
　交渉学の学習を通じて，多くの方が，交渉により問題を解決し，双方に価値があるWin-Win関係のパートナーシップを構築できることを期待している．

付録 | **演習問題：ストーリーで学ぶ逆引き理論解説**

　ここでは，3つの交渉ストーリーを通して，第1章から第3章までの内容を総括する演習を行う．いずれの交渉も，複数の当事者の間に，乗り越えるべき問題が発生している．ストーリー①（演習1）は，共同プロジェクトを巡るクレーム交渉である．共同発表のために急いで準備していた2人だったが，一方の相手が担当する資料を約束の期日通りに提供しないため揉めている交渉のシーン．お互いのコンテキストを引き出し，問題を乗り越えられるか否かを争うケースである．ストーリー②（演習2）は，システム開発プロジェクトを巡る条件変更の交渉である．発注側が受注側に対して，一度合意した納期を突然短縮したスケジュール交渉のシーン．発注側は，買い手の強い立場を利用して，強行に要求を通そうとするなかで，利益の分配でも，交換でもなく，創造的な問題解決ができるか否かを争うケースである．ストーリー③（演習3）は，研究予算を巡る多数当事者間交渉である．4名の研究者は，自分の研究予算をできるだけ多く獲得したいと考えて，それぞれが自分の立場を主張し，予算会議が紛糾する交渉のシーン．研究所全体のミッションとそれぞれのミッションを共有し，意思決定できるか否かを争うケースである．

　それぞれの交渉ストーリーを読み，登場人物の立場で，何が問題だったのか，どうすればよかったのかを考える．そして，理論解説を読み，交渉の理論を学ぶのである．理論解説には，第1章から第3章で解説した交渉理論と該当箇所が明示されており，逆引きができるようになっている．なお，3つの交渉ストーリーは，実際の事例をモチーフにしているが，実在の人物や企業とは関係なく，オリジナルに作成したフィクションである．交渉に正解はなく，交渉結果は1つのモデルであり，理論解説は，成功確率を上げるための方法の1つ

である．その点を理解したうえで，演習を進めて欲しい．
　主要な登場人物は，以下の2人である．

〈登場人物〉
・青柳
　工学系大学院（修士）を卒業後，大手経営コンサルティング会社に就職し，コンサルタントとして活躍．その後，独立して，自らコンサルティング会社を起業し，社長に就任．

・安井
　工学系大学院（修士）を卒業後，大手電機メーカーに就職し，その後，開発技術者として活躍．その後，独立して，自ら研究所を設立し，代表に就任．

　3つの交渉ストーリーには，青柳と安井，もしくは，いずれかが登場する．各ストーリーには，それぞれの立場になった場合を想定し，複数の設問が設定されている．ストーリーを読んだ後，まず，設問を考えてみよう．その後，理論解説を読んで，理解を深めて欲しい．理論解説には，第1章から第3章までの関連箇所が明示されているので，詳細は，そちらを参照してほしい．また，それぞれの交渉ストーリーに関連したコラムを記載している．それでは，最初の交渉ストーリーから始めよう．

演習1 共同発表直前の約束違反〜期日を過ぎても資料が来ない！〜

シーン1-1　背景

　ここは，青柳が代表を務めるコンサルティング会社の事務所の一室．青柳は，大学院で物理工学を学び，前職の大手経営コンサルティング会社では，顧客企業のデータ分析による問題の抽出を得意としていた．この会社は，先進手法を用いて顧客企業の問題を定量化し，具体的な施策を提案して，改善するコンサルティングに定評があった．青柳は，この会社でコンサルタントとして働き，やりがいを感じていた．しかし，数年を経て，顧客企業が大企業ばかりであり，今後，成長が見込まれるベンチャーや中堅企業を対象としていないことが気になっていた．青柳は，大学院生時代に，いろいろなベンチャー企業の経営者たちを交流するイベントや勉強会に積極的に参加していたこともあり，彼らのために，何かできないかを模索していた．そして，自らの役割は，ベンチャー企業や中堅企業のために貢献できるコンサルティング業ではないかと考えるようになった．

　そして，同じ志の大学院時代の同級生をパートナーに，現在のコンサルティング会社を起業した．青柳の会社は，ベンチャー企業や中堅企業にフィットし，スピーディーでリーズナブルな価格で行うコンサルティングが評判になり，仕事は順調に推移していた．最近，複数のベンチャー企業から，自分達の企業ブランドやサービスブランドを定量的に価値評価し，向上させる施策を提案して欲しいとの要望を受けていた．ブランドは，重要な知的財産の1つであるが，商品やサービスの価格などと異なり，数値で定量的に評価するのが難しい．しかし，青柳は，何か良い方法はないものかと知り合いに照会するなど，情報を探していた．ある日，青柳がネット検索をしていると統計学を用いた独自の分析手法により，評価が難しいと言われていたブランド価値のような知的財産権を定量化するモデルの研究をしている研究所の情報を見つけた．青柳は，早速，この研究所にメールを送り，代表の安井と会うことになった．

　安井は大学院で統計学を学び，大手電機メーカーに就職し，先端技術の研究に従事していた．元々，研究好きであったこともあり，理解のある上司の研

所長と同僚に恵まれ，楽しく研究を続けていた．ところが，市場環境の悪化もあり，会社の経営環境が厳しくなり，研究費が大幅に削られることになった．新しく赴任してきた研究所長は，経費に厳しく，研究予算の一律カットを宣言した．そのため，安井が数年前から進めていた研究は，予算が不足し，頓挫してしまった．研究により世の中に新しい価値を生み出したいと思って仕事をしていた安井にとって，目指している研究が続けられない環境に限界を感じ，同僚の研究者と一緒に自ら研究所を設立し，代表に就任した．最近，ビックデータと呼ばれる膨大な情報を分析し，経営やマーケティングに活用するサービスが注目を集めている．安井の研究は，統計学をベースに，経営とマーケティングの手法を用いてビジネスに貢献できる手法研究を行っており，注目を集めていた．最近，安井は，前職で担当していた研究を発展させ，難しいと言われている知的財産権の定量化モデルを開発し，先日，学会で発表した．研究所のホームページにその発表資料を掲載したところすぐに反響があり，大手コンサルティング会社や金融機関などから，問い合わせのメールが多数入っていた．そんなとき，小さなコンサルティング会社の青柳から，安井の研究を顧客のブランド価値評価の定量化に活用できないかという問い合わせメールがあった．

青柳の会社のホームページを見ると大手経営コンサルティング会社の経験を経て，これから成長するベンチャー企業に貢献することを目指して起業したとのメッセージが記載されていた．大手電機メーカーから独立し，今の研究所を設立した安井は，青柳に自分と同じ思いを持っているのではないかと感じ，他のアポイントより優先し，青柳と会うことにした．最初の会議から，2人は意気投合した．大企業を経験した価値と課題，これから成長するベンチャー企業に貢献したいという起業の思いなど，共通点が多かった．早速，両社が共同プロジェクトを立ち上げ，一緒に報道発表をしようということになった．

しかし，報道発表だけではインパクトが足りないと考えた青柳は，旧知の専門誌の記者に話をしたところ，興味を持ってくれた．さらに詳細の情報を提供できるのであれば，次号の特集記事の目玉として，取材し，掲載してくれることになった．早速，青柳は安井に連絡し，専門誌の取材を受ける内容を決めるとともに，お互いに準備する資料と完成時期を決めた．青柳は，本件を最重要案件と考えて，他の案件に優先して準備を進め，予定の期日までに資料を完成

した．ところが，安井が担当している資料について，予定の期日になっても完成できず，メールや携帯で何度も督促したが，連絡が取れない状態が続いた．このままでは，記者と約束した期日に間に合わず，専門誌の特集記事で紹介してもらうチャンスを失い兼ねない状態だった．担当記者からは，資料の準備状況を確認するメールが何度も入っていた．業を煮やした青柳は，アポイントなしで，安井の研究所を訪問し，直接，安井に会いに行った．そして，安井の研究所の一室で，青柳と安井のやり取りが始まった．

シーン 1-2　交渉スタート

青柳「本日は，アポイントもなく，急に訪問して申し訳ありません．何度も電話とメールをしましたが，連絡が取れず，やむをえないことをご理解ください．」

安井「いやいや，こちらこそ，本来であれば，こちらから連絡すべきところであり，申し訳ないと思っています．」

青柳「例の共同プロジェクトの件ですが，前回の打ち合わせで決めた資料について，約束の時間が過ぎています．まずは，現状を教えてもらえませんか．」

安井「まずは，約束に間に合わず，申し訳ないと思っています．現状ですが，まだ，資料は完成しておらず，少なくとも1週間はかかりそうです．」

青柳「それは困りました．ご説明しましたように，報道発表のインパクトを上げるために，専門誌の特集記事で取り上げてくれることになっています．1週間後では，取材期日に間に合いませんね……」

この交渉のシーンについて，青柳の立場になったつもりで，以下の設問を考えてみよう．

設問：あなたが青柳なら，どう思うかを考える．

①安井の対応について，どのように感じるか．
②なぜ，安井がこのような対応をしたと思うか．
③安井と交渉する前に，どのような準備をするか．

〈ヒント〉
①相手の立場について，素直に感じたことを箇条書きにしてみよう．交渉の相手にどのように感じるかについては，正解も不正解もないので，感じたままの印象を具体的に書き出すのがポイントだ．ただし，この相手は〇〇に違いない，この相手は△△以外はない，というように決めてかかると話が行き詰まりやすいので，注意が必要だ．
②相手の対応には，必ず背景に理由があると考えてみよう．相手のコンテキスト（p.17）について，できるだけ多くの仮説を立てるのがポイント．仮説を考えるためには，ロジックツリー（p.35）を用いる方法も有効だ．
③交渉の準備には，5ステップアプローチ（p.15）で準備するのがポイントだ．設計の軸になるのは，ミッション（p.21）．広義のミッションから，発生している問題の解決に焦点を当て，今回の交渉のミッション（狭義のミッション）を設定することが重要である．

理論解説
論点1：相手の対応に関する感情をどのように受け止めるか．
　交渉相手の対応について，どのように感じるかは，経験や考え方により異なるので個人差があるが，このケースでは，以下の例が考えられる．

(1) 否定的な感情
　　・元々，できない約束をしたのではないか．
　　・約束を守るつもりがなかったのではないか，など

(2) 肯定的な感情
　　・予定より精度の高い資料を出そうとしているのではないか．
　　・連絡が途絶えているが，準備は完了しているのではないか，など

(3) 中立的な感情
　　・まだ，信頼関係ができていない段階なので，よくあることではないか．
　　・何かやむをえない事情があるのではないか，など

　いずれの感情を持ったとしても，正解でも不正解でもない．注意すべきは，二分法の罠（p.45）に陥らないことである．たとえば，青柳の立場で，相手に否定的な感情を持ったとしょう．その原因としては，過去に同様の経験があり，いやなイメージを思い出す場合なども考えられる．（「想起の容易性」p.69）自分の感情を受け止めたうえで，相手が必ず自分が感じた通りであると決めつけず，この感情を棚上げしたうえで，冷静に交渉シナリオ化（p.59）することが重要である．この感情は棚上げするのであって，押し殺すことではない．無理に押し殺そうとすると交渉中の相手の言葉や対応に過剰反応し，自分が冷静に交渉できなくなる可能性が高まるからである．

論点2：相手の意図や隠された事実をどこまで仮説立てしたか．
　相手の立場を考えて，仮説を立ててみよう（p.52「2.2.2項　仮説思考」）．そして，立てた仮説に対応した選択肢を検討する（p.53「図9：ロジックツリーの具体例」）．青柳の立場から，一例として，図13a，bのような仮説と選択肢が考えられる．

論点3：交渉を始める前に，どのような手順で準備するべきか．
　交渉の準備では，5ステップアプローチ（p.15）が有効である．ステップ1で状況を把握する．マップ化により情報を整理すると解り易い．（p.47「2.2.1項　マップ化」）ステップ2では，ミッションを設定する．ステップ3では，設定したミッションを実現するための具体的な目標を設定する．ステップ4では，選択肢を検討する．そして，最後に，ステップ5では，ミッションが実現できな

図13a ● 今後の対応の選択肢と安井の事情の仮説

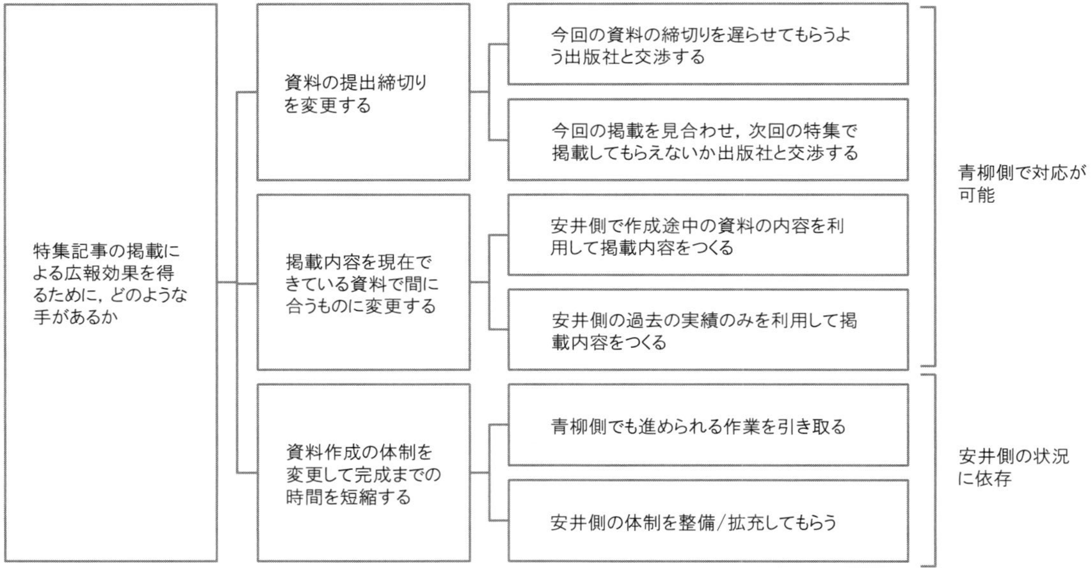

```
                                                    ┌── 今回の資料の締切りを遅らせてもらう
                                                    │   よう出版社と交渉する
                           ┌── 資料の提出締切り ────┤                                          ┐
                           │    を変更する           │                                          │
                           │                        └── 今回の掲載を見合わせ、次回の特集で     │ 青柳側で対応が
                           │                            掲載してもらえないか出版社と交渉する   │ 可能
特集記事の掲載に            │                                                                  │
よる広報効果を得            │                        ┌── 安井側で作成途中の資料の内容を利     │
るために、どのよう ─────────┤── 掲載内容を現在で ────┤    用して掲載内容をつくる                │
な手があるか                │    きている資料で間に   │                                          │
                           │    合うものに変更する   └── 安井側の過去の実績のみを利用して掲   │
                           │                            載内容をつくる                         ┘
                           │
                           │                        ┌── 青柳側でも進められる作業を引き取る    ┐
                           └── 資料作成の体制を ────┤                                          │ 安井側の状況
                                変更して完成までの   │                                          │ に依存
                                時間を短縮する       └── 安井側の体制を整備/拡充してもらう    ┘
```

図13b ◆ 今後の対応の選択肢と安井の事情の仮説

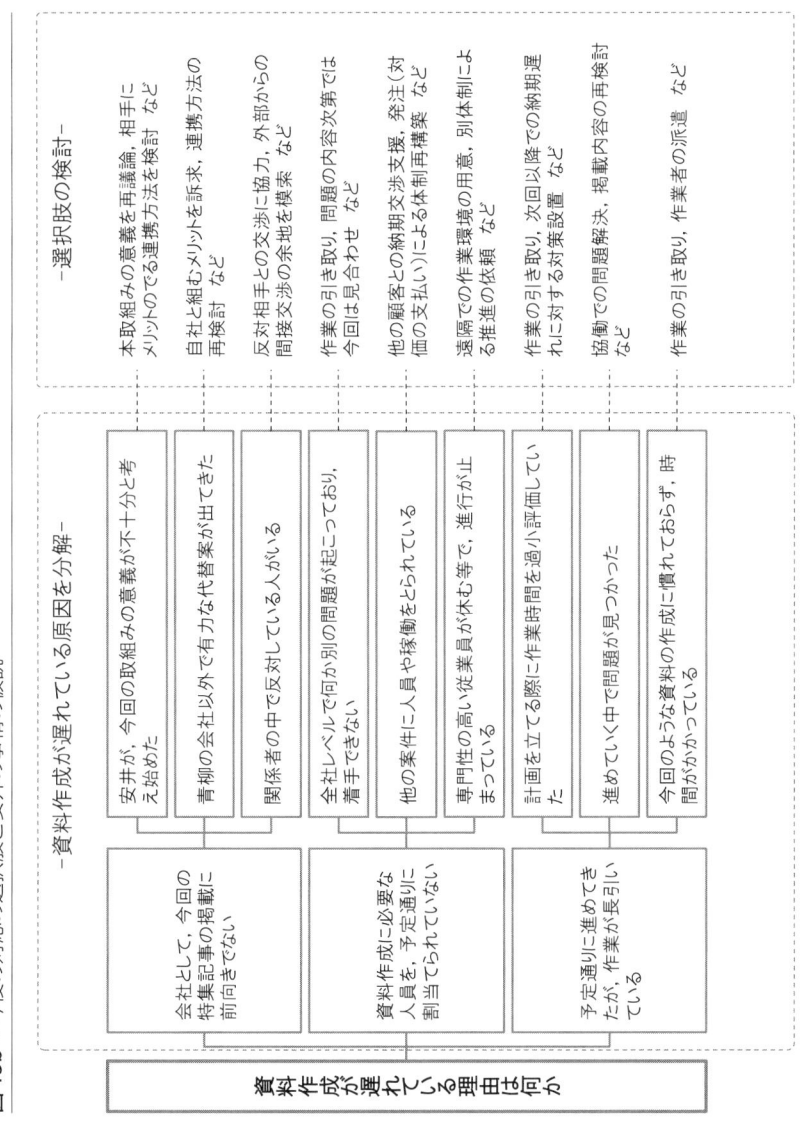

資料作成が遅れている理由は何か

― 資料作成が遅れている原因を分解 ―

- 会社として、今回の特集記事の掲載に前向きでない
  - 安井が、今回の取組の意義が不十分と考え始めた
  - 青柳の、今回の会社以外での有力な代替案が出てきた
  - 関係者の中で反対している人がいる

- 資料作成に必要な人員を、予定通りに割り当てられていない
  - 全社レベルで何か別の問題が起こっており、着手できない
  - 他の案件に人員や稼働をとられている
  - 専門性の高い従業員が休む等で、進行が止まっている

- 予定通りに進めてきたが、作業が長引いている
  - 計画を立てる際に作業時間を過小評価していた
  - 進めていく中で問題が見つかった
  - 今回のような資料の作成に慣れておらず、時間がかかっている

― 選択肢の検討 ―

- 本取組みの意義を再議論、相手にメリットのでる連携方法を検討 など
- 自社と組むメリットを訴求、連携方法の再検討 など
- 反対相手との交渉に協力、外部からの間接交渉の余地を模索 など
- 作業の引き取り、問題の内容次第では今回は見合わせ など
- 他の顧客との納期交渉支援、発注(対価の支払い)による体制再構築 など
- 遠隔での作業環境の用意、別体制による推進の依頼 など
- 作業の引き取り、次回以降での納期遅れに対する対策設置 など
- 協働での問題解決、掲載内容の再検討 など
- 作業の引き取り、作業者の派遣 など

かった場合の代替選択肢を考えるのである（p.22「図2：ミッション/ゾーパ/バトナの相関図」）．ここまでが交渉の準備の一例である．

　論理的思考に基づき仮説を立てることは重要だが，ここで注意すべきなのは，この段階の情報のみで意思決定をしないことである．現時点の情報について，次の3つの視点（p.40）で考えたことを思い出して欲しい．

- 視点1：最終的な選択肢を交渉前にどの程度まで決められるのか？
- 視点2：不確実性の要素は，事前にどの程度想定できるか？
- 視点3：交渉前に結果を評価する基準は，事前にどの程度決めうるのか？

　選択肢を拡張するためには，相手のコンテキストを引き出す必要がある．（p.82「3.2.3項　コンテキストの引出し」）相手のコンテキストを引き出すことにより，選択肢を拡張することができる．（p.54「2.2.3項　選択肢の拡張」）また，選択肢を拡張するためには，ブレスト型交渉（p.45）が重要である．ブレスト型交渉では，結論ありきではないので，お互いのコンテキストを共有しやすく，また，分配や交換型の交渉から，創造型の交渉に展開できる可能性を高めることができる．（p.24「図3：クリエイティブ・オプションの概念図」）

　それでは，期限までに資料を作れなかった安井のコンテキストと交渉その後を見てみよう．

シーン1-3　安井のコンテキスト

　実は，安井はある状況で困り果てていた．安井は，現在の研究所を設立する時に，元上司である秋山の会社から資金援助を受けていた．秋山は，大手電機メーカーを退職後，金融機関と一緒にベンチャーキャピタルを起業し，ベンチャー企業の育成支援を行っていた．自分が育成した元部下であり，また，安井の研究が，今後のベンチャー企業の成長に貢献すると考えて，資本参加してくれたのである．研究所の資本金の34％は，このベンチャーキャピタルからの出資である．最近，秋山から緊急で重要な依頼を受けていた．安井の研究所は中規模の組織であり，研究者の数も限られていた．そのため，安井他，部下

の研究員は，他の業務を全て止めて，秋山からの依頼に集中した．恩義ある秋山からの依頼であり，また，出資者であり，拒否権[1]を持つベンチャーキャピタルのために必要な緊急案件だった．

　もちろん，青柳との約束は重要だと思っていた．他の研究員が帰宅した後，徹夜を続けてなんとか間に合わそうとしていたが，とうとう約束の期日が来てしまった．しばらく，電話にもメールにも出る時間がなく，最近，青柳とは連絡が取れていなかった．どのように説明しようかと迷っていたところ，突然，青柳が研究所に訪ねてきたのだ．

シーン1-4　交渉結果

　青柳は，交渉前には，なぜ，安井が約束を守らないのかが納得できず，強く追及しようと思っていた．しかし，過去に自分にも同様の経験があることを思い出した．約束の期日を守るため徹夜して準備したが間に合わず，顧客への連絡が遅れてしまったのだ．安井の資料作成が遅れている理由をいろいろと考えているうちに，冷静になり，まずは，事情を聞いてみようと考えるようになった．

　交渉は，お互いに感情的にならず，冷静に行われた．青柳の丁重な質問に対して，安井も正直に事情を説明した．その結果，取材記者にぎりぎりまで待ってもらうこと，安井が担当している資料作成に，青柳の会社の社員が手伝って資料を協働して完成させることになった．安井は，青柳のアプローチに感謝するとともに，中間報告を怠ったことを謝罪した．お互いに，今後の共同プロジェクトの成功を目指して協力することを約束して，交渉は円満に了した．青柳は，今回の交渉に満足していた．事前に相手の事情を想定し，相手の立場を考えてアプローチして良かったと思っている．もし，安井の約束違反を一方的に攻めていたら，今回のような結果にはならなかったことだろう．

ポイントのまとめ

　約束違反という問題を解決するこの交渉シーンでは，事前に相手のコンテキ

---

[1] 会社法に基づき，特別決議（例：定款の変更，募集株式の割当て，事業の譲渡等）について，資本金の1/3超を持つ出資者は，株主総会の決議にて，否決することができる．

ストに仮説を立てるともに，交渉において，効果的な質問と発言により，相手からコンテキストを引き出すコミュニケーションが必要である．さらに，双方のコンテキストが共有された後には，協働して解決策を考え，お互いに取りうる選択肢を拡張するブレスト型交渉ができるかがポイントとなる．この過程を経て，最後には，何を基準に判断するかをよく考えて，合理的な意思決定を行うのが望ましい．

このケースでは，青柳と安井がどのレベルのパートナーシップを目指して共同プロジェクトを進めていたのかが重要である．それぞれは，独立して起業した会社の代表であり，目指すべきゴール (p.23) を持っている．そのゴールに到達するために，お互いをパートナーになりうると判断して，共同プロジェクトを開始すると決めたはずだ．しかし，安井の事情が変わり，当初の約束が果たせなくなった．今回のストーリーでは，協働して問題を解決する方法が選択できたが，必ずこの結果になるとは限らない．なぜなら，今回の共同プロジェクトがお互いにどのレベルのパートナーシップであるかにより，優先順位が変わるからである．

また，青柳と安井には，それぞれに短期，中期，長期に目指すミッションがあり，さらに，その先には究極のミッション（これらを広義のミッションという．詳細は，p.22「図2：ミッション/ゾーパ/バトナの相関図」参照）があるはずだ．そして，これらに基づき，今回のプロジェクトで目指すミッションがある．この広義のミッションに照らして，相手がどのレベルのパートナーかを考えて，条件

図14 ◆ 段階的パートナー構図

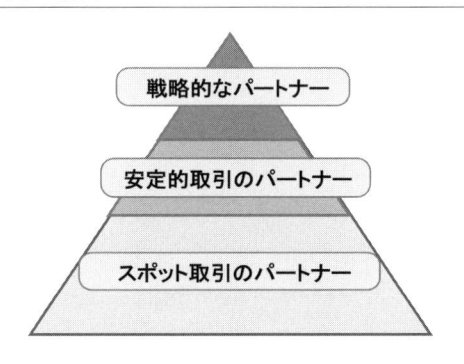

戦略的なパートナー

安定的取引のパートナー

スポット取引のパートナー

を決めていたはずである．交渉の目的は，問題を解決してミッションを実現することである．今回の問題解決を通じて，お互いにミッションを共有し，どのようなパートナーシップが実現できるかを考える視点が重要なのである．

　パートナーにも段階[2]がある．今回限りといった限定的に取引するスポット取引のパートナー，期間と範囲を定めて安定的に取引する安定的取引のパートナー，お互いに新しい価値を生み出そうとする戦略的なパートナーの段階的パートナーがある．パートナーの段階によって，互いに優先する条件が異なる．

---

[2] 一色正彦，高槻亮輔：売り言葉は買うな！　ビジネス交渉の必勝法，日本経済新聞出版社，2011，p. 41．図2 戦略パートナー構図

───── コラム⑥ クレーム交渉は，アジェンダから！ ─────

　クレームが発生した場合の交渉では，何から協議すればよいのだろうか．メーカーが製品に対する品質クレームに対応する場合の事例を紹介しよう[3]．

・優先1：正確な事実の把握

　まず，事実を把握する必要がある．関係する当事者から，できるだけ速やかに，できるだけ正確に，どのような事実があり，それを証明する情報や資料があるか否かを確認するのである．

・優先2：事故の原因の把握

　次に，集めた事実から，原因を分析して，把握する．原因分析においても，関係する当事者にコンテキストを確認したり，追加情報の提供を依頼することも多い．

・優先3：対策の実行

　次に，対策の実行に移る．根本原因を見つけ，拡大と再発を防止できればベストだが，容易でないことも多い．対策は，緊急，暫定，恒久の3段階に分ける方法が行われている．この場合も関係する当事者の協力は欠かせない．

・優先4：責任に応じた妥当な負担

　最後に，責任の問題である．優先1から3を関係する当事者の協力を得て，迅速に対応したとしても，クレームが発生している以上，損害が発生する可能性は高い．損害に対しては，だれが負担するかを決める必要がある．関係する当事者間で，妥当な負担割合を交渉するのである．

　クレーム交渉で重要なのは，アジェンダと順番である．正確な事実を把握しないとその後の選択可能性を高めることができない．また，責任問題は重要なアジェンダの1つであるが，最初に責任問題を交渉しようとすることは危険である．正確な事実を把握する段階では，関係する当事者から，できるだけすばやく，正確に事実関係の情報を提供してもらう必要がある．その場合，責任を問う可能性を示唆するだけで，相手は防衛的になり，迅速に正確な事実を把握できる可能性が低くなるのである．クレーム交渉では，責任問題は，最後の最後と考えて欲しい．

---

[3]　一色正彦, 高槻亮輔：売り言葉は買うな！　ビジネス交渉の必勝法, 日本経済新聞出版社, 2011, p. 217.

演習2 システム開発プロジェクトの納期交渉〜突然のスケジュール変更!〜

シーン2-1　背景

　ここは，青柳が代表を務めるコンサルティング会社の事務所の一室．青柳は，午前中の交渉を自分の机で静かに振り返っていた．青柳の会社では，通常，システム開発プロジェクトの請負は行っていない．しかし，顧客企業A社が大手メーカーX社から請け負ったシステム開発について，プロジェクトを統括する人材が不足しており，今回に限り，プロジェクトマネジメント業務を支援することになった．

　システムを発注する大手メーカーX社の担当の赤星課長との仕様とスケジュール打ち合わせは順調に進み，顧客企業A社で開発を担当するシステムエンジニアへの説明と役割分担も終了した．いよいよ来週から開発に着手するというときになって，突然，大手メーカーX社の赤星課長から，すでに合意した納期を大幅に縮めて欲しいとの要望があった．すでに，システムエンジニアへの指示や必要な機器の手配も終了しており，この時点ではとても間に合わないスケジュールだった．

　青柳は，大手メーカーX社との取引は初めてであった．打ち合わせした赤星課長は，買主の立場をちらつかせて，多少鼻につくこともあったが，ここまでの交渉では，特に，問題になることはなかった．そのため，今回の突然のスケジュール変更に大変驚いた．さらに驚いたのは，赤星の発言だった．メールでスケジュールの大幅短縮の要望があり，相手の事務所を訪問して，打ち合わ

図 15a ◆ シーン2の関係図（1）

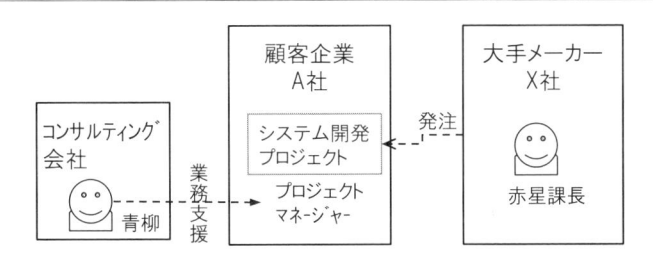

せした青柳に，赤星は次のように説明した．

赤星「本件は，急な変更で申し訳ないが，とにかく重要である．そのため，必ずできる，と言って欲しい．」

青柳「そう言われましても，前回の打ち合わせで納期は決まっており，それに合わせて，こちらも，システムエンジニアや機器の手配が終了しています．この時点で変えるのは無理なのですが……」

赤星「とにかく，なんとかしてもらうしかないんだ．どうしても，イエスと言ってもらうしかない．今回の対応をしてくれないと今後の発注にも影響すると思って欲しい．」

青柳「せめて，スケジュールが変わった事情を聞かせて頂けませんか．事情により何か方法があるかも知れませんので．」

赤星「まず，できると言ってくれれば，詳しいことを説明する．今後のこともあるし，何とか私の顔を立てて，イエスと言って欲しい．そうすれば，事情は詳しく説明する．」

青柳「(困ったな)……すみませんが，一度，持ち帰らせてください．」

設問：青柳の立場で，どのような交渉をすべか，交渉シナリオを考える．
　相手の立場について，素直に感じたことを受け止め，冷静に対応することは，演習1と同じである．さらに，相手の対応には，必ず背景に理由があると考えて，コンテキストについて仮説を立てることも有効だ．そのうえで，5ステップアプローチで交渉シナリオを考えてみよう．特に，こちらの話をまったく聞かず，質問にも答えないために，相手のコンテキストが全く読めない場合に，どのように対応するかまで考えて欲しい．

理論解説

論点1：一方的な顧客に対し，どのような対応が考えられるか．

　こちらの話は聞かず，事情も説明せず，自己主張するばかりで一方的にイエスという答えを求めてくる交渉者がいる．「パワープレイヤー」や「パワーネゴシエーター」と呼ばれている（「コラム③パワープレイヤーは怖くない！」p.77）．このケースは，否定的な感情を持つ場合が多いかも知れないが，演習1と同様に，肯定的な感情や中立的な感情を持つ場合もある．いずれに感情でも正解も不正解もないが，感情を受け止めて，棚上げし，冷静に交渉シナリオを作成すべきであることは，同じである．

　パワープレイヤーが拠り所としているタテの圧力には，次の4つの特徴がある[4]．

　　①「上か下か」を唯一のガイドラインとする．
　　②一時的な力である．
　　③外部の要因に依存している．
　　④無原則に与えられる力である．

　社会的役割，所有物，知識などのパワーの源泉による上か下かというタテの圧力で交渉相手の優位に立ち，説得による服従を目指している交渉スタイルである．このスタイルの交渉者は，一見，強そうに見えるが，パワーの源泉を失うと説得力が大幅に減少する．

　また赤星は，事情を説明せず，イエスと言った後で，詳細を説明するというアプローチを取っている．人は，交渉相手から出された要求を断るとき，それがどんな内容であるかに拘わらず，何となく罪悪感を持ってしまう傾向がある．この心理を利用した交渉テクニックには，最初に極端な条件を出して相手に断らせ，その後，少しだけ譲歩してみせてイエスと言わせるドア・イン・ザ・フェイスや逆に，取るに足らない小さな要求をだし，小さなイエスを引き

---

[4] アン・ディクソン，：それでも話し始めよう　アサーティブに学ぶ対等なコミュニケーション，アサーティブジャパン監訳・監修，クレイン，2007, p.41-43.

出した後，徐々に条件をエスカレートさせるフット・イン・ザ・ドア (p.70) と言った心理テクニックがある．赤星は，青柳の反応を見て，これらを駆使しようとしている傾向が見られる．いずれも，安易に相手の要求に応じないか，質問により相手の矛盾点をつくなど，冷静に対応すれば問題にはならない．

論点 2：相手がまったく応じない場合にどうするか．
　それでも，相手がまったく応じない場合にはどうすべきだろうか．以下の 3 つの方法を紹介しよう．

①質問によりコンテキストを引き出す．(「3.2.3 項　コンテキストの引出し」p.82)
　質問によりコンテキストを引き出し，拠り所を見つけて，自ら矛盾点に気が付かせるのである．1 つの質問のみで答えを引き出そうとせず，質問の答えに関連する質問や自分の情報を出してインタラクティブにコミュニケーションしながら，3 階層以上の関連質問を行う方法が有効である．関連づけた質問を繰り返すことにより，相手の発言に矛盾点が生じ，自ら気が付くように仕向ける方法が望ましい．

②ブレイクにより適切な間を取る．(p.56)
　たとえ相手が感情的になっていたとしても，自分は冷静に対処するのが基本である．しかし，相手も振り上げた拳を下ろしたくても，下ろせない状況になることがある．また，感情的に対応しないように気を付けていても，思わず売り言葉を買ってしまうこともある．交渉中は，微妙な緊張状態にあるので，感情の機微により小さな判断を誤ることは珍しいことではない．このような場合は，迷わず，ブレイクにより適切な間を取ることが有効である．ブレイクにより，自分も相手も冷静にするのである．

③影響者を見つけて間接的に交渉する．
　あらゆる方法を試しても，どうしても相手との合意点が見つからないこともある．極端に強い立場を取る相手でも，すべての相手に同じ立場を取れるわけではない．より強い立場の相手には逆に，極端に弱い立場であることもある．

また，冷静に話を受け取る同僚がいることも多い．相手がどのような状況にあるかを考えるためには，マトリクス型の整理[5]（「コラム③パワープレイヤーは怖くない！」p.77）が有効である．このマトリクスでは，自分自身の情報，交渉相手の情報，さらに，交渉を取り巻く環境の3つを整理する．そして，自分の事情，交渉相手の事情を細分化して整理するのである．大局的にみるために，マップ化（p.47）するとよい．

マトリクス整理を行うと交渉相手との利害関係者がわかってくる．そのなかで，相手の交渉者もしくは交渉条件に影響を与える交渉者を見つけることができる．どうしても交渉が膠着状態から抜け出せない場合は，この影響者を見つけて，間接的に交渉する方法も有効である．

シーン2-2　赤星のコンテキスト

困り果てた青柳は，顧客企業A社のマネージャーに相談した．このマネージャーは，以前から，別件で大手メーカーX社を担当しており，自分の担当窓口を通して，情報を引き出してくれた．この担当者も，いつもは冷静な赤星が相当焦っているため，同僚として，事情を聞いてくれたのである．そうすると今回の急な納期変更は，赤星の力が及ばない役員からの圧力によるものらしい．このシステムは，顧客企業A社以外の3社にそれぞれシステムの一部の開発が委託されており，それらをA社がとりまとめて，大手メーカーX社の最重要得意先に納品することになっているらしい．赤星の上司の役員が，この最重要得意先役員から直接頼まれたので，無理だとわかっていても，断れないらしい．赤星は，青柳以外の3社にもすべて無理と断られ，途方に暮れているらしい．

シーン2-3　交渉結果

事情がわかった青柳は，一計を案じた．赤星に顧客企業A社以外の3社との合同会議を提案したのだ．その会議で，青柳は赤星の体面に配慮しながら，

---

[5] 田村次朗，一色正彦，隅田浩司：ビジュアル解説　交渉学入門，日本経済新聞出版社，2010，p.67

図15b ◆ シーン2の関係図（2）

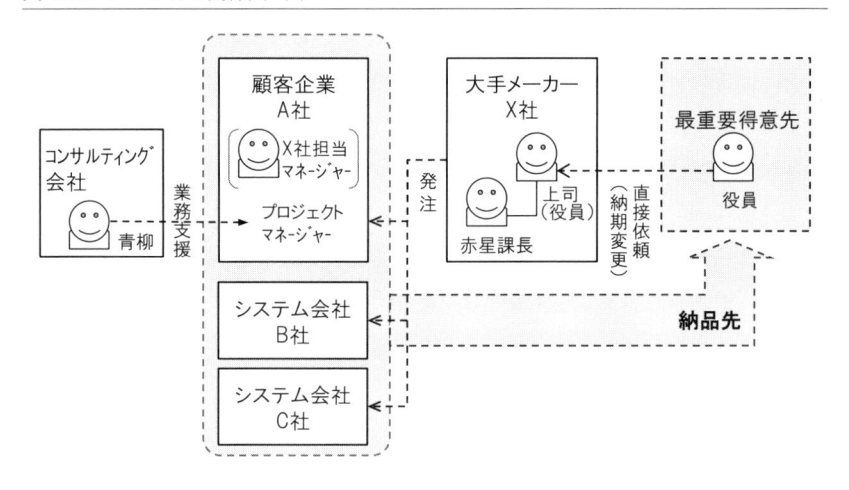

[関係図: コンサルティング会社（青柳）が顧客企業A社（X社担当マネージャー、プロジェクトマネージャー）へ業務支援。A社からシステム会社B社、C社。A社から大手メーカーX社（赤星課長、上司（役員））へ発注。X社上司から最重要得意先（役員）へ直接依頼（納期変更）。納品先。]

何とか関係者が協働して納期を短縮する方法がないかを話し合いたいと提案した．開発スタートが迫り困っていた3社の担当課長は，渡りに船と積極的にアイディアを出してくれた．そうすると赤星が契約より少し早く資料を提示し，それぞれが少しずつ納期を詰めると全体では，必要な納期短縮が可能であることがわかった．各社が協力して短縮を実施することを約束し，交渉は円満に終了した．青柳は，自分の事務所に帰る電車の中で今回の交渉を振り返っていた．最初の赤星の言い方にはかなり憤りを感じた．言い返そうかとも思っていたが，ここはまず，一呼吸置いた方がよいと考えて，持ち帰った．もし，あのとき，感情的に言い返していたら，今回のような結果にはならなかっただろう．

ポイントのまとめ

容易に解決できない難局における難題（p.42）では，相手が感情的にアプローチしてきた場合でも，冷静に対応することが基本である．難題を乗り越えるための有効な方法は以下である．

①ブレスト型交渉（p.42）

交渉中に交渉相手とブレインストーミングを行う方法である．ブレスト型交

渉では，交渉相手と問題を共有し，それを乗り越える選択肢を一緒に考えるのである．ブレスト型交渉では，できるだけ多くのアイディアを出すことが重要である．そのために，アイディアを出す立案段階と出したアイディアを評価する決定の段階を分離する必要がある．この順番を誤るとアイディア出しのはずが，感情的な対立を悪化させるリスクがある．このケースでは，顧客企業A社と他の3社が参加した合同会議において，ルールを決めてブレスト交渉する方法が有効である．

②ビジュアルコミュニケーション (p.88)

感情的に条件が対立する場合，相手と対面で交渉すると感情が悪化しやすい．そのため，対立する条件をホワイトボードや紙に書き出し，書いた条件に対して交渉する方法が有効である．また，ブレスト型交渉でも，難題を乗り越えるために，交渉相手と一緒に考え，アイディアの論点を整理するためにも，描きながら交渉する方法は有効である．

③非言語メッセージの受信 (p.78)

日頃は穏やかな相手が，感情的にアプローチしてくる場合がある．このケースでも，赤星はいつもと違うアプローチだった．このような場合は，相手の様子をよく観察し，非言語メッセージを受け取ることが重要である．非言語メッセージとは，言葉以外のメッセージであり，顔の表情，身振り，手振り，動きなどである．たとえば，あなたが話をしているとき，交渉相手が以下のような態度を見せる場合は，否定的な反応である[6]．

- じっと目を閉じていたり，まばたきをしたりする．
- 机の上のものをいじったり，置き直したり，引出しを開けたりする．
- 頭や体を横に傾けたり，後ろにそらしたりする．
- 頭や顔，あるいは，鼻やその周りを手でさかんに触る．

---

[6] 渋谷昌三：管理職が読む心理学　リーダーシップの心得，日本経済新聞社，1991，p.168．表6 社会的知能テスト

非言語メッセージは，交渉相手の発する重要なメッセージである．相手の非言語メッセージを読み取ることは，難題を乗り越えるため有効である．

④アサーティブな会話（p.74）
　交渉では，自分の考える条件を明確に主張する必要がある．ただし，交渉には，かならず相手がいる．そのため，どのような表現で主張するかをよく考えないと意図が伝わらないうえに，相手を感情的にしてしまう可能性がある．相手の立場を考えた主張方法として，アサーティブネスという方法がある．相手を責める前に，自分に以下の3つの質問を自分に投げかけ，冷静に自分の答えを整理する[7]．

　　・何が起こっているのか？
　　・それについて自分はどう感じているのか？
　　・どのような具体的変化を望むのか？

　そのうえで，相手の立場を考えて，受容可能性の高い表現を選択する方法が有効である．たとえ相手が感情的なアプローチをしてきたとしても，それに感情的に対応することで得られるものはない．交渉では，売り言葉を買っても良いことはないのである．

⑤多数当事者間への応用（p.91）
　多数当事者間の交渉では，全体意思，個別意思，さらに，グループ意思が混在している．そのため，最初に整理すべきなのは，個別の相違点より全体の共通点である．このケースにおいて，合同会議に参加した当事者は，いずれも共通した問題認識と解決によるそれぞれのミッションの達成を目指しているはずだ．最初に，全体の共通認識と協働して乗り越えるべき問題を確認し，ゴールを共有することで，合意可能性が向上する．

---

[7]　アン・ディクソン：それでも話し始めよう　アサーティブネスに学ぶ対等なコミュニケーション，アサーティブジャパン監役，クレイン，2006，p.59

人間は合理的に意思決定するとは限らない．しかしながら，合意的な意思決定を行う可能性を高める方法はある．このケースでは，上記のような方法論を用いて，自分も相手も冷静になり，合理的な意思決定を目指すことが重要なのである．

―――― コラム⑦ バードアイでみる交渉の全体像！ ――――

　バードアイとは，文字通り鳥の目である．鳥は，空から地上の全体を見渡せる．この鳥の目の視点は，交渉において，重要な意味を持つ．バードアイを持つためには，交渉の関係性をマップ化（p. 47）する方法が有効である．マップ化には，交渉マトリクス整理，マインドマップ，リッチ・ピクチャーなどの方法がある．それぞれの特徴を理解したうえで，有効に使用すれば，交渉における全体像を理解するために有効である．

　さらに，交渉シーンのみならず，より高い視点からみる方法論もある．交渉を3次元で見る方法である．3次元とは，戦術を1次元，取引設計を2次元，セットアップを3次元とするものである．1次元では，交渉テーブルが対象となる．一方，取引設計では設計場所，セットアップでは交渉テーブルから離れた場所である．取引設計とは，「永続的に価値を生み出す取引を設計する技術」[8]である．セットアップとは，「交渉から離れた場所で，最も有望な状況をあらかじめ整えておくこと」[9]である．3Dネゴシエーションとは，交渉を戦術と取引設計とセットアップという3つの次元から考えるものである．

　交渉と言えば，どうしても，交渉テーブルのみを対象にしてしまうが，交渉を設計するシーン，交渉テーブルから離れた場所のシーンも重要である．多数当事者間交渉では，個別交渉のシーンがある．交渉シーンを交渉相手との直接交渉のみではなく，多面的に捉えることにより，バードアイの視点となり，見えてくる世界が広がるのである．この方法の効果は，交渉をパイを拡大する創造型にできることである．3Dネゴシエーションでは，「まずパイの大きさそのものを拡大することに取り組み，そのうえでそれを相手と分け合う．さらにまた常識を打ち破る考えとして，パイを大きくするためには往々にして，互いの利害の共通点より相違点に着目することが役立つ．相違点を相互補完的に噛み合わせることによって，より大きな価値を生み出す取引を実現する道が拓けてくるからである」[10]．Win-Loseの交渉から，Win-Winの交渉にする可能性を高めるためには，交渉を多面的に，高い位置から見ることが重要なのである．

---

[8] デビット・A・ラックス，ジェームズ・K・セベニウス，3D交渉術，斉藤裕一訳，阪急コミュニケーションズ，2007，p. 20
[9] 同書，p. 24
[10] 同書，p. 368

演習3 研究予算を巡る交渉〜研究予算は誰のもの！〜

シーン3-1　背景

　ここは，安井が代表を務める研究所の一室．安井の研究所も設立5年目を迎え，次の成長ステップを模索していた．しかし，昨今の厳しい経営環境も影響し，この研究所も昨年は収入が下がり，来期の研究予算は厳しいものになりそうだった．研究所には4名の主任研究員がおり，それぞれ研究プロジェクトのリーダーをしていた．安井は，4名に対して，来期の研究予算を30%削減する必要があることを伝え，優先すべき研究テーマを絞り込む方法を検討するように指示した．

　4名の主任研究員は，以下のようなキャリアを持つ研究員である．

・竹内主任研究員

　4名のうち，最も年上．安井の元部下で，大手電機メーカーを一緒に退職し，研究所に移籍．安井の右腕であり，一番近い関係にある．

・寺畑主任研究員

　4名のうち，最も若手．安井の研究発表を見て，大学の研究室から転職．来年の目玉となる重点テーマを担当しており，安井の期待も大きい．

・鈴木主任研究員

　4名のうち，中堅で，田中主任研究員とは，以前，同じ研究チームに所属していたこともあり，個人的にも親しい関係．研究所の創業時から着実に実績を作り，研究所の経営に貢献していることを自負している．

・田中主任研究員

　4名のうち，中堅で，鈴木主任研究員とは親しい関係．現在の研究テーマは，残念ながら，来期の重点テーマに採用されず，また，あまりうまく進んでいないため，研究所内での発言権が弱まっていることを危惧している．

シーン3-2　交渉スタート

竹内「それでは，検討会を始めよう．みんな，事情は聞いてくれていると思うが，来年度の研究予算が厳しく，30%削減せざるをえない状況となった．各研究チームにはそれぞれの事情があると思うが，まずは，各リーダーの意向を聞かせてください．」

寺畑「それでは，私の研究チームからお願いします．先日の安井所長の研究方針発表でも，私の研究テーマは，来期の重点テーマに挙げられています．研究予算を削減せざるをえない事情は理解できますが，私の研究テーマは，研究所全体のためにも，優先して予算配分すべきだと思います．」

鈴木「それを言うなら，私の研究テーマも中期計画の重点テーマの1つだ．それに，私の研究チームは，昨年までの研究成果で，研究所への貢献はナンバーワンと評価されている．当然，私の研究チームの予算は，優先的に配分されるべきだ．」

田中「みんながそんなことを言い出すと研究費がいくらあっても足りませんよ．これは，研究所全体の問題なのですから，4チームが平等に30%ずつ削減しましょうよ．」

竹内「これでは，埒があかないな……」

設問：竹内の立場で，利害が対立する3名とどのように交渉するかを考える．
　相手の立場について，素直に感じたことを受け止め，冷静に対応すること，コンテキストについて，仮説を立てること，5ステップアプローチで交渉シナリオを考える手順は，演習1と2と共通である．ただし，このケースは，4名が四すくみの多数当事者間交渉（p.91）である．多数当事者間のコンテキストをどのように引き出し，合意形成するかを考えてみよう．

理論解説

論点1：多数当事者のコンテキストをどのように引き出すか．

　多数当事者間のコンテキスト引き出すためには，個別交渉が有効だ．個別交渉は，個々のコンテキストを引き出しやすい．ただし，参加していない当事者が疑心暗鬼になるというリスクもあるため，まず，ルールを決めたうえで，個別交渉を行う必要がある．このケースでは，可能であれば，青柳が合同会議の前に個々の主任研究員と連絡を取り，個別意思を確認しておくことが望ましい．それが難しい場合でも，全体会議において，全体意思を確認しておく．そして，確認した後，難題が残るようであれば，会議後，個別意思を確認し，そのうえで，再度，全体会議を行うのである．最初の全体会議後の個別会議は，なぜ個別会議を行うのか，どのような順番で行うのかのルールを明示してから行えば，疑心暗鬼になる可能性を回避することができる．このケースでは，竹内が議長の役割を果している．多数当事者間交渉においては，誰かが議長の立場を担い，バードアイの視点から，問題を解決するように主導することが重要なのである．

論点2：スポットの問題解決ではなく，継続的に問題解決する方法はあるか．

　当面の問題が解決しても，時間の経過や状況の変化により，問題が再発することがある．また，時間の経過と共に加わる新たな条件が決まらないと継続的な問題解決の条件が決まらないことがある．このような場合に有効な手法は，ルールを交渉することである (p. 23)．ルールの交渉には，以下のような例がある．

・基本条件・期間を定め，更新ルールを決める．
　時間の経過に伴い合意した条件を見直す必要がある場合，基本条件と基本期間を決め，そのうえで，更新する場合のルールを決めるのである．継続的なビジネス契約では，たとえば，基本期間を1年とし，期間終了の1ヵ月前までに条件を見直し，その後，そのままもう1年間更新するか，または，一部条件を変えるかを決める，という方法が用いられている．

　短期的に問題が解決しても，再度，別の問題が発生する可能性がある．その

場合，関係者が定期的に合同会議を行い，協働して問題を解決するルールを決めるだけでも，効果が期待できる．戦略的なパートナー間でのビジネス契約では，定期会議が契約で定められている場合がある．単に，会議をする義務ではなく，いつ，どこで，どのレベルが参加し，何を目的に会議を行い，その結果が契約条件にどのように適用されるかを契約開始時点で予め決めて，契約書に記載しておくのである．

・評価基準を決める[11]

交渉時点の条件のみでは，選択可能性が限定される場合，いくつかの条件がそろわないと判断できない場合がある．そのような場合には，条件を選択するための評価基準を決める方法が有効である．評価基準を決める場合には，いつ，だれが，どのように条件を決定するかのルールを決めることが重要である．そのうえで，決定した基準をだれが，どのように運用するかを決めるのである．

ビジネス契約では，バランスト・スコアカード（BSC）という業績評価システムが用いられているケースがある．継続的な取引関係において，取引関係を継続するか否か，取引条件を見直すか否かを，BSCの指標を用いて判断するのである．交渉においては，BSCにどのような項目を入れるか，それを誰が，どのように評価して決めるか，というルールを交渉するのである．

ルールを決めることは，継続的な問題を解決する仕組みを作ることである．ルールを交渉することは，合意条件の継続可能性と将来発生する問題を解決できる可能性を高めることができるのである．

シーン3-2　それぞれのコンテキスト

最初の検討会は，それぞれが自分の主張を繰り返したうえで，時間切れとなった．このままでは問題が解決しないと考えた竹内は，各研究リーダーと個別に面談し，本音を聞いてみることにした．寺畑は自分の研究テーマに自信を

---

11) 一色正彦，高槻亮輔：売り言葉は買うな！　ビジネス交渉の必勝法，日本経済新聞出版社，2011, p. 161. エピソード26売り買いだけではない売買契約，ルールを交渉せよ！

持ち，強気だった．一方，この研究所での実績が短く，少しでも引いてしまうとチャンスを失うのではないかと危惧していた．鈴木は，寺畑への対抗意識が強かった．よく聞いてみると工夫すれば経費削減できるようだが，寺畑のチームが削減しないなら，自分も削減しないと主張して譲らなかった．田中は，自分の立場を気にしていた．自分の研究テーマが，来期の重点テーマに選ばれなかったことにショックを受けており，何とか今の地位を守りたいという意識が強かった．竹内自身も，自分の研究テーマの予算を削られるのは困ると思っていた．ただし，安井の立場がよくわかる竹内は，研究所全体のために何が一番良いのかを考えたいと思っていた．

シーン3–3　交渉結果

　個別交渉の後，竹内は，安井に報告し，相談したうえで，再度，4名の主任研究員を集めて検討会を行った．竹内は，それぞれの事情を理解できるとしたうえで，先日の方針会議での安井の発言を用いて，研究所全体が目指すゴールを全員で共有した．そのうえで，1ヵ月の期間を決めて，次の3つのプロジェクトをスタートすることを提案した．1つは，研究所の共通インフラの利用による効率化でコスト削減ができるものがないかを検討するプロジェクト．もう1つは，4チームが協働で予算を削減できる方法を探すプロジェクト．最後の1つは，今後の研究予算配分をどのように決めるかのルールを検討するプロジェクトである．寺畑，鈴木，田中がそれぞれのプロジェクトを担当し，次の検討会議で報告し，安井に提案することになった．

　竹内は，特に，今後のルールを決めるプロジェクトを重視していた．共通インフラによるコスト削減は可能だが，限界がある．4チームが協働で予算削減をする方法は望ましいが，長く継続すると無理が出る可能性もある．しかし，今後も研究テーマの予算が厳しくなる環境も考えらえるので，今回の30%を削減するという問題を解決するのみではなく，並行して，今後のルールを主任研究員が参画して決めることにより，研究所全体が共通の目的に向かって，役割分担できる方法を目指したのである．まだ，問題が解決したわけではないが，4名は次の検討会議に向けて，それぞれの役割を果たすことで合意した．

ポイントのまとめ

　このケースでは，個別交渉から，関係当事者を集めて，多数当事者間交渉にし，そのうえで，個別事情に配慮しながらも，当事者で問題を共有し，協働して解決したことがポイントである．竹内が各チームの意向を受けながら，研究所全体のミッションを認識し議長役を果たしたために，問題が解決している．もし，それぞれが自分の意思のみを主張し，対立したままであれば，問題は解決していない．

　また，当面の問題として，今回の予算配分が決まったとしても，今後，どのように予算配分するかのルールを決めていないと次年度に再度，揉めることになる．このケースでは，当面の問題解決に加えて，将来発生する問題を解決しようとしていることが重要なのである．

演習のまとめ

　演習1では，お互いのコンテキストを引き出し，選択可能性を高め，ミッションを共有できるか否かポイントである．演習2では，感情的なアプローチに対して，冷静に対処し，アサーティブにアプローチすることにより，合理的な意思決定ができるか否かポイントである．演習3では，多数当事者間の交渉において，個別交渉により個別意思を引き出した後，ルールの交渉に持ち込めるか否かがポイントである．交渉に正解も不正解もないが，成功確率を上げる方法論はある．論理的思考により事前準備し，交渉においては，相手のコンテキストを引き出し，冷静にアプローチすれば，問題を解決し，ミッションを達成できる可能性を高めることができるのである．

―――― コラム⑧議長ロールによる三方よし！ ――――

　議長とは，どのような役割をするのだろうか．議長は，会議の議事を進行する役割とともに，全体の取りまとめを行う．株式会社の取締役会における議長の役割を紹介しよう．取締役は株主会社の業務を執行する機関であり，会社の経営方針を決め，具体的な運営の意思決定を行う役割を持つ．取締役会は，3人以上の取締役によって構成され，株式会社の重要な業務について，意思決定を行う機関である．取締役会の意思決定は，原則として，多数決で行われる．つまり，多数当事者間交渉なのである．取締役には，代表取締役という立場がある．一般的には，社長と呼ばれている．代表取締役は，取締役会においては，議長役を担う．

　たとえば，10人の取締役から構成される取締役会において，会社が次のステージに展開するために，ある海外の企業と資本提携する意思決定を行う場合を考えてみよう．取締役の中には，賛成派と反対派がいるとしよう．中立派もいるかも知れない．そのため，賛成派の取締役は，中立派と反対派が賛成するように交渉する．また，反対派も同様である．決議が行われる前に，個別交渉や賛成派のグループ交渉などが行われる．そして，最後に，多数決で決議が行われる．代表取締役は，議長役であるが，決議においては，1票である．10名の取締役の決議が5：5で意見が分かれたとしよう．この場合，再度，検討のうえ，再決議する場合もあるが，代表取締役に一任される場合もある．そのため，代表取締役の権限は，他の取締役と比較して，強くなる．

　しかし，もし，代表取締役も自分の利害のみで意思決定をすると決定後，問題になる場合がある．なぜなら取締役会の上位機関として，株主総会があるからだ．重要事項について，取締役会の決議は，株主総会の承認を取る必要がある．つまり，株主との間で，再度，交渉が行われるのである．株主総会の決議は，株式の持ち分により決まる．ただし，株式会社には，取引先，従業員，顧客など，多数の利害関係者がいる．そのため，株主総会の決議は，これらの利害関係者に説明する必要がある．株式会社の意思決定は，取締役会，株主総会で行われ，利害関係者に対して，説明責任を果たせる内容である必要があるのだ．売り手よし，買い手よし，世間よしの三方よしを目指すのだ．取締役会の代表取締役の役割は，交渉における議長ロールであり，三方よしの交渉ができるか否かを問われる交渉者とも言えるのである．

あとがき

　東京大学の大学院で初めて交渉学を知ったのが，今から8年程前だった．当時，航空宇宙工学系の研究者になりたいと思っていた私にとって，あんなにも遠く感じた分野が，こんなにも面白いとは想像もしていなかった．学生ながら，交渉学に対して技術だけでは乗り越えられない壁を超えられるような可能性を感じたし，学んで実践して，を繰り返す中で，自分の交渉の特徴もわかってきたし，なんとなく自分のまわりの制約と折り合いがついて自由になっていくような気がした．今では交渉学の講師もしているが，「理系の学生には，研究者を目指すのをやめてプロの交渉人を目指してほしい」と思うかというと，そうではない．交渉学を学ぶなかで，第一線で働くビジネスマンの方々と親しくさせて頂いたが，学生の私にとって印象に残った2つの言葉を紹介したいと思う．

　1つは，「交渉は，実現したいものがあるときに非常に助けになる技術だけど，自分が実現したいものを見つけるツールではない」ということだ．私は最初，思ったように模擬交渉が進まずに，ロジックを盾にした口論のごときやりとりをよくやっていた．揉めること自体は仕方ないと思っていたが，結局相互の理解が進まず，設定したミッションに対して遠回りの交渉結果になっていた．そういった背景のなかで，ある社会人に，「自分には根本的に適正がないかもしれないが，どうすれば行儀よく交渉できるのか」と聞いた．そのときに言われたのが前出の言葉だった．さらに「行儀よくするのが目的ではない，目的を持って交渉学の授業に望んでいる方が大事で，活かせていないロジックや研究の専門領域は，そのまま訓練を続けていればむしろ武器になるよ」と付け足してくれた．学生の皆さんも，自分の実現したい目標に向かって試行錯誤しながらどんどん突き詰めていくといいと思う．そして，それを続けるなかで，きっとどこかのタイミングで，誰かと一緒に問題を解決しなければならない局面がくると思う．その時に創造的に問題を乗り越えられるように，是非とも本業と並行して鍛えてほしい．

もう1つ印象に残っている言葉は，「交渉では，最終的には技術だけでなく，自分の思想や判断基準も含めた全人格が相手に見られ，パートナーとしてふさわしいかをジャッジされる」というものだ．著者の一色が，海外事業部の担当者であった若い頃に，ヨーロッパの取引先の社長にランチの場で個人の考えや意見を問われて，信用に足る人間かを見極められたという話をしてくれたことがある．交渉の技術を突き詰めるのはもちろんだが，最終的には人間同士の，相手を信用できるかどうかのやり取りになるので，結局は自分の人間性を磨かないといけない．

　皆さんには，自分の目標を実現するために，今よりももっと自由になるために，大事な同僚や部下を守るために，ぜひ交渉学を学んで活用してもらえたら嬉しい．

2013年10月

佐藤　裕一

　私は，大学院を卒業後，大手電機メーカーの会社に就職した．入社すると，すぐに新人研修が行われた．配属先に赴任後も，多くの業務時間を使い，学習の機会が与えられた．翌年，初めての格付けとなる昇格試験があり，いくつもの研修を受講した．その数年後，次の昇格試験があり，昇格対象者には手厚い研修制度が与えられた．その他にも，自主的に参加できる研修が案内され，年に数回の研修受講を推奨された．私の勤めた会社は，人材育成制度が非常に充実していたと思う．読者の皆さんのなかには，もっと充実している方やあまり充実していない方，もしくは，まったくないという方もいるかもしれない．まったく研修のない方は考えにくいかもしれないが，研修を受講して，いったい何が残ったのかを考えてみたい．

　話は私の経験話に戻るが，役職を経るにつれ，徐々に研修の機会は少なくなる．研修の必要性の有無というより，業務の多忙さから受講計画が立てにくいことの方が大きいだろう．仕事を通じて会社から評価される，だから仕事を任

される，仕事が増える，そして研修の機会が減る，のような関係であろう．しかし業務が多忙であっても，研修を受講することもある．仕事の都合をなんとか調整して受講する．短い時間であっても，とても集中している．業務に活かそう，職場の仲間に伝えよう，と活用シーンをイメージしながら受講しているからである．

しかし，問題はその後である．研修で得たことを胸に秘め，意気揚揚と翌日会社に行くが，日々の環境にあっという間に飲み込まれ，多忙な現実に戻ってしまう．昨日までは業務に活かせると実感していたのに，試す間もなく，元の業務スタイルに戻ってしまう．また，研修の内容を会社の同僚に話すと，へえーと関心を示されるが，その場限りで終わることがほとんどである．

ではここで，研修を受講して，いったい何が残ったのかを考えてみたい．

入社して間もない新人の頃は，研修で得たことというより，研修の機会が多く，同じ環境下の者が集まるため，仲間意識が育まれやすい．そのためプライベートの時間も共有しながら，互いに言いたいことを素直に言い合うような，利害関係のない仲間を作ることができる．一方，入社して10年くらいの中堅の頃は，業務多忙の中，研修を受講するため，学習に対して高い意識で取り組むことができた．しかし，業務に戻ると厳しい現実に直面し，職場での実用が難しいという課題が残った．ポイントは，素直な意見を言い合える仲間（ネットワーク）と，学習に対する意識（学習意欲），集まる機会（定期性）のバランスだと思う．交渉学の学習は，このバランスを実現する手段の1つと考えている．体験型の演習であり，特に模擬交渉を通じて緊張感と安堵感を共有し，仲間意識が芽生えやすい．また，立場の違う人とやり取りする場面は誰もがもつ．この場面に対して課題をもち，より良い施策や乗り越えられる方法を探そうとすることが学習意欲となる．交渉学に興味をもち，学び合える仲間同士で，気軽に，かつ定期的に集まることはとても価値があることだ．本書を通じて，学び合える仲間がまた増えることを期待したい．

2013年10月

田上　正範

索引

［あ行］

相手の立場　76
アウトプット型の講義　28
アサーティブ　74, 120
アサーティブネス　18, 76, 83
アジェンダ（協議事項）　43
　　——交渉　87
アンカリング　69, 84
安定的取引　111
意思決定力　2, 18
イッシューツリー　35
影響者　116
エンコーディング　67
演習型学習方法　25
オズボーンのチェックリスト　26
オープン・クエッション　58

［か行］

隠された意図　→　コンテキスト
学習ピラミッド　30
学習意欲　32
仮説思考　18
偏り　69
株主総会　129
関係　64
関心　64
感想戦　27
危険な状態　19
期待値　38
議長ロール　129
基本期間　125
究極のミッション　23
共感のメッセージ　77
協議事項　→　アジェンダ
共通情報　25

協働　43
　　——性　88
共同プロジェクト　102
グッドコップ，バッドコップ　71
グランドルール　46
　　——の明確化　56
クリエイティブ・オプション　→　創造的選択肢
グループ意思　92
クレーム交渉　13, 99
クローズド・クエッション　58
経験学習　32
継続学習意欲　31
ゲーム理論　35
嫌悪の表情　79
研究の背景理論　15
限定合理性　15, 18, 42, 44
合意バイアス　71
交換型の交渉　23
交渉　2
　　——学　3
　　——術　10
　　——戦術　71
　　——中のサイクル　15, 16
　　——における意思決定　39
　　——に必要な主能力　17
　　——の学習理論　25
　　——の準備　15
　　——のスパイラル　17
　　——の詰めの段階　18
　　——のミッション　23
　　——マトリクス　48
　　——力　2
　　——をレビュー　64
肯定的な感情　105
合同会議　117

5W1H（いつ，どこで，だれが，何を，どのように） 57
個別意思 92, 125
個別会議 125
個別情報 25
コミットメント 65
コミュニケーション 64
　──・プロセスの要素 67
　──力 2, 17
コンテキスト（隠された意図） 17, 40, 86, 104, 116, 124
　──を引き出すための Do's & Don'ts → Do's & Don'ts
コンテンツ 17
コンフリクト 13

［さ行］

最終的意思決定 15, 19
作戦会議 26
雑談 71
三方よし 76
実現可能性 45
質問設計の Do's & Don'ts → Do's & Don'ts
シーティング 81
視点のシフト 85, 86
社会的責任 76
受信者 67
受容可能性 18
状況把握 15, 48
シングルアジェンダ 29
スケジュール交渉 99
ステークホルダー 44
ストーリー性 64
スポット取引 111
3D ネゴシエーション 122
正当性 64
責任引き受け 55
責任問題 112
セットアップ 122
説明責任 44

責めるコミュニケーション 75
善管注意義務 10
潜在的損失 19
戦術 20
戦争回避交渉 13
全体意思 92
全体会議 125
全体フィードバック 27
選択可能性 43
選択肢検討 16
戦略 20
　──的なパートナー 111
想起の容易性 69
創造的選択肢（クリエイティブ・オプション） 15, 23, 42
創造的な交渉 23
創造的な問題解決 18
ゾーパ（ZOPA） 16, 21
損失の可能性 19
損失の原因 19
損失のチャンス 19

［た行］

第三者のストーリー 73, 84
代替選択肢検討 16, 60
代替選択肢 → バトナ
タイムプレッシャー 71
対立・衝突 → コンフリクト
多数当事者間交渉 92, 99, 120
タテの圧力 115
中立的な感情 105
提携交渉 13
ディシジョンツリー 35, 38
ティーチングアシスタント（TA） 4
デコーディング 67
ドア・イン・ザ・フェイス（返報性の原理） 70
特集記事 102
取締役会 129
取引設計 122

[**な行**]

難局　42
難題　42
ニブリング　71
二分法　45
認識の共有　56
ノイズ　67
納期短縮　118
能動的な学習方法　31
ノンバーバルメッセージ　17

[**は行**]

バイアス（bias）　19
媒体（メディア）　67
パイの大きさ　122
売買交渉　13
パーソナルスペース　44
発信者　67
バードアイ　122
　——の視点　49
バトナ（BATNA）　16, 21, 24, 64
話を引き出す表現のDo's & Don'ts　→
　Do's & Don'ts
ハーバード・ネゴシエーション・プロジェクト（HNP）　2
バランスト・スコアカード　126
パワーネゴシエーター　77
パワーの源泉　77, 115
パワープレイヤー　77, 115
非言語シグナル　80
非言語メッセージ　79, 119
ビジネス契約　126
ビジネス・シミュレーション演習　28
ビジュアルコミュニケーション　88, 119
否定的な感情　104
否定的な反応　119
雛形契約書　56
秘密の情報　40
ヒューリスティック（heuristic：無意識の
　規則）　15, 19, 69

評価基準　38
表情　17, 79
ピラミッド構造　35
品質クレーム　112
5ステップアプローチ　15, 104
不安定要素　41
不確実性　38
フット・イン・ザ・ドア　70, 116
部分的意思決定　15, 18
ブレイク（休息）　27, 56, 86, 116, 118
ブレスト　→　ブレインストーミング
ブレスト型交渉　42, 108
　——のDo's & Don'ts　→　Do's & Don'ts
　——のガイドライン　46
ブレインストーミング（ブレスト）　18, 42
プロジェクトマネジメント　113
分析力　2, 17
分配型の交渉　23
弁護士　9
ベンチャーキャピタル　108
弁理士　10
『弁論術』　15
報道発表　102
ホワイトボード　89

[**ま行**]

マイセオリー　32
マインドマップ　48
マップ化　47
マトリクスチャート（マトリクス型の整理）
　35, 78, 90, 117
マルチアジェンダ　29
ミッション　15, 21, 59, 104
　——設定　16
3つのカテゴリー　72
無意識の規則　→　ヒューリスティック
6つの感情　18
命題　35
模擬交渉　25, 26
目的の明示　56

目標設定　16
問題解決のプロセス　13

[や行]

約束違反　109
ユーモア　87

[ら行]

利害関係者　129
理解のメッセージ　77
理系　1
リスク　19
　　──・マネジメント　19
リッチ・ピクチャー　49
ルールの交渉　23, 125
例示シミュレーション　84, 86
ロジックツリー　35, 52, 83, 104
ロール・シミュレーション　25
論点　35
　　──整理　88

[欧文]

ARCSモデル　31
BATNA（Best Alternative to a Negotiated Agreement）　→　バトナ
Do's & Don'ts
　コンテキストを引き出すための──　83
　質問設計の──　57
　話を引き出す表現の──　76
　ブレスト型交渉の──　55
HNP　→　ハーバード・ネゴシエーション・プロジェクト
MBTI（Myer-Briggs Type Indicator）　77
MECE（Mutually Exclusive & Collectivey Exhaustive）　43
TA　→　ティーチングアシスタント
Win-Loseの交渉　23
Win-Win　45
　　──交渉　24
ZOPA（Zone of Possible Agreement）　→　ゾーパ

交渉シーン

交渉シーン① マップ化：フリーマーケットにおけるやり取り　p. 47
交渉シーン② 仮説思考：顕微鏡の使用時間を分けてもらうやり取り　p. 52
交渉シーン③ 選択肢の拡張：閉塞した会議でのやり取り　p. 54
交渉シーン④ 質問の設計：初対面の相手とのやり取り　p. 56
交渉シーン⑤ シナリオ化：フリーマーケットにおけるやり取り　p. 59
交渉シーン⑥ アサーティブな発信：電子天秤の使い方をめぐるやり取り　p. 74
交渉シーン⑦ 非言語メッセージの受信：沈黙した相手とのやり取り　p. 78
交渉シーン⑧ コンテキストの引出し：ポスドクのクレームをめぐるやり取り　p. 82
交渉シーン⑨ ビジュアルコミュニケーション：暗礁に乗り上げた交渉でのやり取り　p. 88
交渉シーン⑩ 多数当事者間への応用：研究プロジェクトでのメンバーの対立　p. 91
交渉シーン⑪ 付録　演習1　共同発表直前の約束違反：期日を過ぎても資料が来ない！　p. 101
交渉シーン⑫ 付録　演習2　システム開発プロジェクトの納期交渉：突然のスケジュール変更！　p. 113
交渉シーン⑬ 付録　演習3　研究予算を巡る交渉：研究予算は誰のもの！　p. 119

コラム

コラム① 学生からの学習者（佐藤裕一）p. 5
コラム② 社会人からの学習者（田上正範）p. 7
コラム③ パワープレイヤーは怖くない！　p. 77
コラム④ シーティングの効果！　p. 81
コラム⑤ ブレイクの効果！　p. 86
コラム⑥ クレーム交渉はアジェンダから！　p. 112
コラム⑦ バードアイでみる交渉の全体像！　p. 122
コラム⑧ 議長ロールによる三方よし！　p. 129

著者略歴

一色　正彦（いっしき　まさひこ）
大阪外国語大学（現大阪大学）卒業後，パナソニック(株)入社．東京大学先端科学技術研究センター先端知財人材次世代指導者育成プログラム修了．海外事業部門（主任），法務部門（課長），教育事業部門（GM）を経て，独立．東京大学先端科学技術研究センターの知財人材向け教育プログラム開発に参加．東京大学工学系大学院において，開発したプログラムを用いて，模擬交渉を取り入れたビジネスシミュレーションの授業を実施．大学にて，研究（専門分野：交渉学，経営法学，リスクマネジメント論，知財戦略論）と教育（担当科目：交渉学，経営法学，企業価値と知的財産，航空技術・政策・産業特論）を行うとともに，企業の交渉戦略・人材育成へのアドバイスを行っている．また，ベンチャー企業の役員として，現役のネゴシエーターでもある．

金沢工業大学大学院客員教授（工学研究科知的創造システム専攻），東京大学大学院非常勤講師（工学系研究科），慶應義塾大学大学院非常勤講師（経営管理研究科ビジネススクール）・客員研究員（グローバルセキュリティー研究所），日本知財学会正会員（知財学会誌企画・編集委員），パナソニック(株)エコソリューションズ社知的財産グループアドバイザー，(株)ミディー取締役，合同会社IT教育研究所役員，(株)グリア事業アドバイサー他

著書
『現代航空論　技術から産業・政策まで』（共著，東京大学出版会，2012年）
『売り言葉は買うな！　ビジネス交渉の必勝法』（共著，日本経済新聞出版社，2011年）
『ビジュアル解説　交渉学入門』（共著，日本経済新聞出版社，2010年）
『新・特許戦略ハンドブック』（共著，商事法務，2006年）
『日経文庫　知財マネジメント入門』（共著，日本経済新聞出版社，2004年）他

田上　正範（たがみ　まさのり）
北海道大学大学院工学研究科修了後，パナソニック(株)入社し，半導体デバイスの技術開発を担当．その後，社内公募による転機を得，教育サービス事業の企画推進（課長），関係会

社のシステム部門（部長）等の歴任を通じて，社内外の交渉を経験．企業人としてできることに限界を感じ独立．教育を通して，長期的な価値を，社会に蓄積する事業を目論み，教育と研究を続ける．現在は，慶應義塾大学にて交渉学教育の研究活動のほか，関西大学や追手門学院大学にて交渉学の教育活動や，パナソニックの関係会社にて交渉学研修の委託講師などを行っている．また，関西地区を中心に，交渉学を継続的に学び合えるネットワークつくりを推進している．

合同会社 IT 教育研究所代表，関西大学非常勤講師・研究員（教育推進部），慶應義塾大学客員研究員（グローバルセキュリティー研究所），追手門学院大学研究員（教育研究所）他

著書
『社会心理学における説得と交渉』第 9 章担当（共著，三恵社，2012 年）

佐藤　裕一　（さとう　ゆういち）
東京大学大学院工学研究科修了後，ボストン・コンサルティング・グループに入社し，テクノロジ・メディア業界や金融業界を中心に，事業戦略の策定や実行支援のプロジェクトに携わる．その後，体験の提供を通じて人と人とを結びつけることを大義とした，株式会社グリアを設立．企業間や部門間を結びつけるプロトコルとすべく，交渉学を用いた研修・人材育成支援のサービスの提供や，新規事業開発や提携支援のようなコンサルティングを実施．研究・教育に関しては，慶應義塾大学にて交渉力の解明を目指した研究に関わりながら，大学にてゲスト講師やサポート講師を行っている．

株式会社グリア代表取締役，慶應義塾大学客員研究員（グローバルセキュリティー研究所），慶應義塾大学福澤諭吉記念文明塾講師他

理系のための交渉学入門

2013 年 10 月 23 日　初　版

［検印廃止］

著　者　一色正彦・田上正範・佐藤裕一

発行所　一般財団法人　東京大学出版会
　　　　代表者　渡辺　浩
　　　　153-0041 東京都目黒区駒場 4-5-29
　　　　電話 03-6407-1069　Fax 03-6407-1991
　　　　振替 00160-6-59964

印刷所　三美印刷株式会社
製本所　誠製本株式会社

© 2013 Masahiko Isshiki *et al.*
ISBN 978-4-13-062316-2　Printed in Japan

JCOPY 〈(社)出版者著作権管理機構　委託出版物〉
本書の無断複写は著作権法上での例外を除き禁じられています．複写される場合は，そのつど事前に，(社)出版者著作権管理機構（電話 03-3513-6969，FAX 03-3513-6979，info@jcopy.or.jp）の許諾を得てください．

東京大学航空イノベーション研究会・鈴木真二・岡野まさ子 編
現代航空論　　　　　　　　　　　　　　　A5判・242頁・3,000円
技術から産業・政策まで

森村久美子
使える理系英語の教科書　　　　　　　　　A5判・194頁・2,200円
ライティングからプレゼン，ディスカッションまで

坂本雄三
建築熱環境　　　　　　　　　　　　　　　A5判・176頁・2,800円

宇都正哲・植村哲士・北詰恵一・浅見泰司 編
人口減少下のインフラ整備　　　　　　　　A5判・320頁・4,000円

佐伯　胖
「きめ方」の論理　　　　　　　　　　　　四六判・332頁・2,500円
社会的決定理論への招待

ここに表示された価格は本体価格です．ご購入の
際には消費税が加算されますのでご了承下さい．